CB044429

» Alexandre Shigunov Neto
» Renata Messias Gomes

EDITORA
intersaberes

O selo DIALÓGICA da Editora InterSaberes faz referência às publicações que privilegiam uma linguagem na qual o autor dialoga com o leitor por meio de recursos textuais e visuais, o que torna o conteúdo muito mais dinâmico. São livros que criam um ambiente de interação com o leitor – seu universo cultural, social e de elaboração de conhecimentos –, possibilitando um real processo de interlocução para que a comunicação se efetive.

INTRODUÇÃO AO ESTUDO DA DISTRIBUIÇÃO FÍSICA

EDITORA intersaberes

Rua Clara Vendramim, 58 – Mossunguê
Curitiba – Paraná – Brasil – CEP 81200-170
Fone: (41) 2106-4170
www.intersaberes.com
editora@editoraintersaberes.com.br

Conselho editorial » Dr. Ivo José Both (presidente)
Drª. Elena Godoy
Dr. Nelson Luís Dias
Dr. Neri dos Santos
Dr. Ulf Gregor Baranow

Editor-chefe » Lindsay Azambuja
Editor-assistente » Ariadne Nunes Wenger
Capa » Fábio Vinicius da Silva
Imagens de capa » Macrovector/Shutterstock
Projeto gráfico » Raphael Bernadelli
Iconografia » Vanessa Plugiti Pereira

Dados Internacionais de Catalogação na Publicação (CIP)
(Câmara Brasileira do Livro, SP, Brasil)

Shigunov Neto, Alexandre
 Introdução ao estudo da distribuição física/
Alexandre Shigunov Neto, Renata Messias Gomes.
Curitiba: InterSaberes, 2016. (Série Logística
Organizacional).

 Bibliografia
 ISBN 978-85-5972-005-1

 1. Distribuição física de produtos 2. Logística
3. Logística (Organização) – Administração 4. Logística
(Organização) – Custos 5. Logística (Organização) –
Planejamento I. Gomes, Renata Messias. II. Título.
III. Série.

16-01733   CDD-658.78

Índices para catálogo sistemático:
1. Logística : Distribuição física : Administração 658.78

1ª edição, 2016.

Foi feito o depósito legal.

Informamos que é de inteira responsabilidade dos autores a emissão de conceitos.

Nenhuma parte desta publicação poderá ser reproduzida por qualquer meio ou forma sem a prévia autorização da Editora InterSaberes.

A violação dos direitos autorais é crime estabelecido na Lei n. 9.610/1998 e punido pelo art. 184 do Código Penal.

Sumário

Apresentação, 7

Como aproveitar ao máximo este livro, 9

Fundamentos da logística, 16
» Organizações e sua importância para a sociedade, 18
» Administração: áreas e departamentos, 35
» Logística: conceitos e história, 41
» Logística como fator tático e estratégico na operação para o resultado comercial, 57
» Produtos e serviços, 67
» Formas e características do comércio, 72
» Comércio eletrônico, 82

Cadeia de suprimento e distribuição, 94

- » O que é cadeia de suprimento e distribuição?, 96
- » Gerenciamento da cadeia de suprimento e distribuição, 116
- » Formação de redes de suprimentos, 127

Distribuição física, 140

- » Estruturação moderna dos canais de distribuição e suas implicações na distribuição física de produtos, 142
- » Custo e cadeia de valor na logística de distribuição, 147
- » Roteirização de veículos e operadores logísticos, 150
- » Flexibilização do esquema produtivo e da distribuição, 157
- » Avaliação, produtividade, eficiência e *benchmarking* de serviços logísticos, 158

Para concluir..., 167

Referências, 170

Respostas, 178

Sobre os autores, 181

Apresentação

No presente livro, o objetivo é apresentar algumas reflexões sobre a temática da distribuição física na logística e sua importância para a competitividade das organizações.

Com o intuito de alcançar os objetivos propostos e proporcionar uma leitura de fácil compreensão, estruturamos a obra em três capítulos.

No primeiro capítulo do livro, abordamos os fundamentos da logística, analisados em sete seções. Primeiramente, realizamos uma breve análise das organizações e de sua importância para a sociedade. Na sequência, tratamos da administração, suas áreas e seus departamentos, e da logística, seus conceitos e sua história. Em seguida, apresentamos a logística como fator tático e estratégico na operação para o resultado comercial. Na continuidade, o foco é a distinção entre produtos e serviços. Nas últimas seções do capítulo, destacamos as formas e características do comércio e do comércio eletrônico.

No segundo capítulo do livro, discutimos sobre a cadeia de suprimento e distribuição e seu papel nas empresas. Iniciamos com a análise desse conceito e, em seguida, tratamos de seu gerenciamento e da formação de redes de suprimentos.

No terceiro e último capítulo do livro, propomos algumas reflexões sobre a estruturação moderna dos canais de distribuição física, suas especificidades e implicações ao custo e à cadeia de valor na logística de distribuição, à roteirização de veículos e operadores logísticos, à flexibilização do esquema produtivo e da distribuição e à avaliação, produtividade, eficiência e *benchmarking* de serviços logísticos.

Como aproveitar ao máximo este livro

Este livro traz alguns recursos que visam enriquecer seu aprendizado, facilitar a compreensão dos conteúdos e tornar a leitura mais dinâmica. São ferramentas projetadas de acordo com a natureza dos temas que vamos examinar. Veja a seguir como esses recursos se encontram distribuídos no projeto gráfico da obra.

》》 Conteúdos do capítulo

Logo na abertura do capítulo, você fica conhecendo os conteúdos que serão abordados.

>>> Conteúdos do capítulo:
» Organizações e sua importância para a sociedade.
» Logística e sua relação com as demais áreas.
» Logística: conceitos e história.
» Logística como fator tático e estratégico na operação para o resultado comercial.
» Produtos e serviços.
» Formas e características do comércio.
» Comércio eletrônico.

>>> Após o estudo deste capítulo, você será capaz de:
1. analisar os fundamentos da logística e sua importância para a competitividade das empresas;
2. reconhecer a importância das organizações e de suas áreas;
3. compreender a logística e sua relação com as demais áreas;
4. compreender os conceitos e a história da logística;
5. analisar a logística como fator tático e estratégico na operação para o resultado comercial;
6. distinguir produtos e serviços;
7. analisar formas e características do comércio;
8. compreender o comércio eletrônico.

Conteúdos do capítulo:

- Estruturação moderna dos canais de distribuição e suas implicações na distribuição física de produtos.
- Custo e cadeia de valor na logística de distribuição.
- Roteirização de veículos e operadores logísticos.
- Flexibilização do esquema produtivo e da distribuição.
- Avaliação, produtividade, eficiência e *benchmarking* de serviços logísticos.

》》 Após o estudo deste capítulo, você será capaz de:

1. compreender a estruturação moderna dos canais de distribuição e suas implicações na distribuição física de produtos;
2. analisar o custo e a cadeia de valor na logística de distribuição;
3. compreender a roteirização de veículos e operadores logísticos;
4. compreender a flexibilização do esquema produtivo e da distribuição;
5. avaliar questões de avaliação, produtividade, eficiência e *benchmarking* de serviços logísticos.

》》 Após o estudo deste capítulo, você será capaz de:

Você também é informado a respeito das competências que irá desenvolver e dos conhecimentos que irá adquirir com o estudo do capítulo.

Tendo em vista o conceito de *organização* e seus objetivos, é possível ampliar a discussão e analisar como a organização se relaciona com os ambientes interno e externo.

Assim como ocorre com as pessoas, as organizações também não vivem isoladas da sociedade – elas se relacionam com seu ambiente externo – e, por isso, podem ser consideradas sistemas.

》》 Fique atento!

Um **sistema** é o conjunto de elementos interdependentes e interagentes que formam um todo organizado que visa atingir os objetivos organizacionais previamente estabelecidos.

O termo *sistema* tem origem no grego σύστημα (*systēma*) e significa "conjunto de elementos interdependentes que formam um todo organizado".

Para Maximiano (2005), um sistema é um todo complexo ou organizado; é um conjunto de partes ou elementos que formam um todo unitário. Um conjunto de partes que interagem e funcionam é um sistema.

Para facilitar a compreensão do que seja um sistema, apresentamos alguns exemplos de sistemas que encontramos em nosso dia a dia: sistema de produção; sistema de qualidade; sistema de transporte; sistema de informações; sistema nervoso; sistema respiratório; sistema circulatório; sistema de governo; sistema judiciário; sistema eleitoral.

》》 Fique atento!

Esta seção traz breves apontamentos sobre dados importantes relacionados ao tema do capítulo

》》 Para saber mais

Você pode consultar as obras indicadas nesta seção para aprofundar sua aprendizagem.

>>> Para saber mais

Caso queira obter mais informações sobre estratégia e vantagem competitiva, é interessante pesquisar sobre o tema nos seguintes livros:

CERTO, S. C. et al. **Administração estratégica**: planejamento e implantação de estratégias. 3. ed. São Paulo: Pearson, 2010.

MATIAS-PEREIRA, J. **Curso de administração estratégica**: foco no planejamento estratégico. São Paulo: Atlas, 2011.

PORTER, M. **Estratégia competitiva**. Rio de Janeiro: Campus, 2005.

WANKE, P. **Estratégia logística em empresas brasileiras**: um enfoque em produtos acabados. São Paulo: Atlas, 2010.

>> Produtos e serviços

Produção significa "transformação de insumos em mercadorias (bens e serviços)". Portanto, a gestão da produção é um conjunto de atividades interligadas que proporcionam a transformação dos insumos em mercadorias que atendam às necessidades e tenham maior utilidade para a sociedade. Portanto, as atividades de produção constituem a base do sistema econômico de uma nação, pois são as responsáveis pela transformação dos recursos em mercadorias.

Antes de adentrarmos nos meandros da gestão da distribuição, precisamos tratar das diferenças entre **produto** e **serviço** e das características que os definem.

》》 Estudo de caso

Esta seção traz ao seu conhecimento situações que vão aproximar os conteúdos estudados de sua prática profissional.

Com essa análise de formação de redes de suprimento, finalizamos o Capítulo 2. Na sequência, no próximo capítulo, trataremos da análise da distribuição física.

>>> Estudo de caso: *Fast fashion* e as lojas de varejo brasileiras

A forma de vender roupas no varejo mudou ao longo dos séculos e, nos últimos anos, tem passado por uma transformação profunda. Essa transformação, denominada *fast fashion* ou *moda rápida*, teve sua criação na Europa e começa a se popularizar no Brasil. Pode ser considerado um modelo de comercialização da moda que abastece o mercado com as novidades do mundo *fashion* de forma rápida.

Podemos dizer que o *fast fashion* é a denominação utilizada por grandes redes de varejo para a produção rápida e contínua de novidades do ramo da moda, ou seja, é ter novidades nas prateleiras sempre para atender o consumidor com novos produtos. Na verdade, é uma estratégia empresarial e de *marketing* para fidelizar clientes e aumentar os lucros de grandes redes, como Zara, Benetton e H&M.

Pelo conceito de *fast fashion*, as coleções de moda são disponibilizadas nas lojas aos clientes praticamente toda semana, com a intenção de que a produção se espalhe em mais modelos e ganhe variedade. No entanto, ao mesmo tempo que os estoques se ampliam nesse modelo, eles ficam mais restritos, pois nem todos os números e tamanhos estão disponíveis na coleção, e não há todas as cores e estampas para cada um dos produtos.

Com isso, a marca cria uma relação mais intensa com o consumidor, porque educa o cliente a não esperar por liquidações, porque, se ele não comprar a peça de que gostou naquele momento, na semana seguinte, ela já pode ter sido vendida

» Questões para reflexão

1) Como as transformações na indústria farmacêutica e no competitivo mercado alteraram a forma de atuar das indústrias? Explique.
2) Explique como funcionam as atividades da logística e da distribuição física na indústria farmacêutica.
3) Como as transformações da indústria farmacêutica alteram a vida das pessoas?

» Síntese

Neste capítulo, analisamos conceitos importantes referentes à distribuição física, como instrumentos e ferramentas fundamentais para o bom funcionamento da logística e para a competitividade das organizações.

Observamos que a estruturação moderna dos canais de distribuição pode trazer benéficas contribuições para a distribuição física de produtos.

Vimos que os custos, tema muito importante da logística e da cadeia de distribuição, devem ser entendidos como fundamentais para que as organizações possam atingir seus objetivos.

Apresentamos o conceito de *roteirização de veículos*, bem como os modelos de roteirização existentes para atender às necessidades dos clientes com uma entrega rápida e com o menor custo possível para as empresas.

Por fim, vimos que as organizações buscam constantemente aprimorar suas práticas nos serviços logísticos e que o conceito de **benchmarking** pode contribuir para esse aperfeiçoamento das atividades de distribuição física.

»» Questões para reflexão

Nesta seção, a proposta é levá-lo a refletir criticamente sobre alguns assuntos e trocar ideias e experiências com seus pares.

» Síntese

Neste segundo capítulo, analisamos conceitos importantes, como suprimento, cadeia de suprimentos, gerenciamento da cadeia de *suprimento e distribuição* e formação de redes de suprimentos e distribuição, considerados como instrumentos e ferramentas fundamentais para a competitividade das empresas.

Vimos que, em virtude da grande competitividade e concorrência dos mercados, as organizações buscam novas estratégias e técnicas para melhorar seu desempenho, sua produtividade, sua lucratividade e atender a seus clientes da forma mais eficiente, de modo a deixá-los satisfeitos.

» Questões para revisão

1) Considere os seguintes elementos:
   I. Clientes
   II. Recursos financeiros
   III. Atacadistas
   IV. Estoque
   V. Lojas

   Uma cadeia de suprimentos é composta de alguns elementos básicos, que estão sempre presentes. Quais são?
   a. Apenas I, II, IV e V.
   b. Apenas I, III e IV.
   c. Apenas II, III, IV.
   d. Apenas I, III, IV e V.
   e. Apenas I, III, V.

»» Síntese

Você dispõe, ao final do capítulo, de uma síntese que traz os principais conceitos nele abordados.

››› Questões para revisão

Com estas atividades, você tem a possibilidade de rever os principais conceitos analisados. Ao final do livro, os autores disponibilizam as respostas às questões, a fim de que você possa verificar como está sua aprendizagem.

> ›› Questões para revisão
>
> 1) Considere os itens a seguir:
>   I. Distribuição vertical
>   II. Distribuição híbrida
>   III. Distribuição múltipla
>   IV. Distribuição "um para um"
>   V. Distribuição "um para muitos"
>
>   Quais desses itens **não** são canais de distribuição?
>   a. Apenas I, II e III.
>   b. Apenas I, IV e V.
>   c. Apenas II, III, IV e V.
>   d. Apenas IV e V.
>   e. Apenas I e IV.
>
> 2) Considere os seguintes itens:
>   I. Método de construção do roteiro
>   II. Método de melhoria do roteiro
>   III. Método de roteirização de pedidos múltiplos
>   IV. Método de roteirização de pedido único
>   V. Método de roteirização com restrições
>
>   Quais desses itens são categorias de métodos utilizados para resolver um PCV – problema do caixeiro-viajante?
>   a. Apenas I e II.
>   b. Apenas I, IV e V.
>   c. Apenas II, III, IV e V.
>   d. Apenas I, III e V.
>   e. Apenas I e V.

››› Consultando a legislação

Nesta seção, você confere a fundamentação legal referente ao assunto desenvolvido no capítulo, em toda a sua abrangência, para você consultar e se atualizar.

> Como explica Dias (2015), existem diversas atividades/funções que compõem o rol de atividades consideradas específicas da logística. Quais das alternativas apresentadas **não** são atividades logísticas?
> a. Apenas II e IV.
> b. Apenas I, II, IV e V.
> c. Apenas I, IV e V
> d. Apenas I, III e V
> e. Apenas I, II e IV.
>
> 4) Atualmente, a logística é fator competitivo e fundamental na estratégia de qualquer organização, mas isso nem sempre foi assim. Apresente uma análise da importância atual da logística e dos motivos pelos quais ela passou de atividade menos importante para atividade estratégica das empresas.
>
> 5) As empresas oferecem produtos ou serviços aos clientes. Fazer a distinção entre essas duas categorias nem sempre é fácil. Diferencie produto de serviço e apresente exemplos.
>
> ›› Consultando a legislação
>
> **Consolidação das Leis do Trabalho**
>
> BRASIL. Decreto-Lei n. 5.452, de 1º de maio de 1943. **Diário Oficial da União**, Poder Executivo, Brasília, DF, 9 ago. 1943. Disponível em: <http://www.planalto.gov.br/ccivil_03/decreto-lei/Del5452.htm>. Acesso em: 19 fev. 2016.

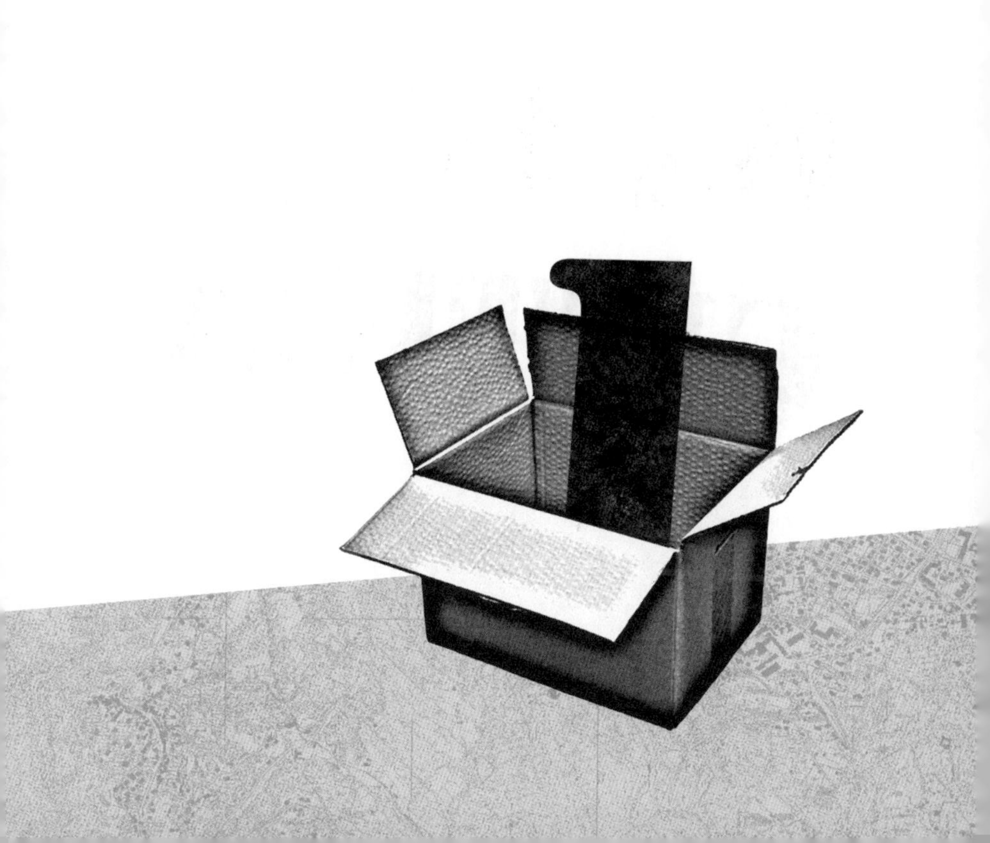
1

FUNDAMENTOS DA LOGÍSTICA

》 Conteúdos do capítulo:

» Organizações e sua importância para a sociedade.
» Logística e sua relação com as demais áreas.
» Logística: conceitos e história.
» Logística como fator tático e estratégico na operação para o resultado comercial.
» Produtos e serviços.
» Formas e características do comércio.
» Comércio eletrônico.

》 Após o estudo deste capítulo, você será capaz de:

1. analisar os fundamentos da logística e sua importância para a competitividade das empresas;
2. reconhecer a importância das organizações e de suas áreas;
3. compreender a logística e sua relação com as demais áreas;
4. compreender os conceitos e a história da logística;
5. analisar a logística como fator tático e estratégico na operação para o resultado comercial;
6. distinguir produtos e serviços;
7. analisar formas e características do comércio;
8. compreender o comércio eletrônico.

Apesar de as atividades logísticas existirem e serem utilizadas há muito tempo, as pesquisas sobre o assunto e a preocupação com a logística como área fundamental para a competitividade das organizações são recentes.

A temática da logística tornou-se objeto de estudo de pesquisadores internacionais e nacionais a partir do final da década de 1970; entretanto, foi em meados da década de 1990 que tomou significativo impulso. Entre os estudiosos que se dedicam à investigação sobre o tema, destacam-se: Ballou (2009), Leite (2003), Christopher (2007), Coronado (2007), Novaes (2007), Gomes e Ribeiro (2004), Correa (2014), Bowersox et al. (2014), Dias (2015) e Pozo (2015).

Neste primeiro capítulo, serão apresentados os fundamentos da logística, seu papel como área da administração e sua importância para a competitividade das empresas.

» Organizações e sua importância para a sociedade

O estudo das organizações como elemento primordial das sociedades é realizado por vários pesquisadores de diversas áreas de conhecimento – administração, sociologia, psicologia, economia –, cada qual sob um olhar específico.

Esses estudos são importantes para demonstrar a evolução das organizações e também o papel fundamental que desempenham na sociedade.

O termo **sociedade** deriva do latim *societas* e pressupõe o conjunto de pessoas que se relacionam entre si (Shigunov Neto; Dencker; Campos, 2006).

Um dos principais estudiosos das organizações foi Amitai Etzioni (1973), o qual realizou estudos sobre as organizações e sua importância para a sociedade. Para ele, a sociedade moderna contemporânea é constituída quase exclusivamente por organizações, por isso atribui um elevado valor à eficácia, à eficiência e à competência.

>>> Fique atento!

Amitai Etzioni foi professor de Sociologia na Universidade de Colúmbia. Entre seus principais livros estão: *Organizações modernas* e *Organizações complexas*. Seus estudos e pesquisas foram direcionados para a compreensão da interação entre as organizações e a sociedade e para a análise comparativa entre a cultura interna das organizações e a mudança organizacional. Etzioni considera que as organizações são unidades sociais intencionalmente construídas e constituídas e que apresentam como finalidade principal alcançar objetivos específicos. Além disso, concebe a sociedade contemporânea como constituída exclusivamente de organizações.

Fonte: Adaptado de Shigunov Neto; Dencker; Campos, 2006.

As organizações existem desde o início da civilização humana. Podemos encontrar vestígios nas civilizações antigas e medievais, por exemplo, as organizações militares e a Igreja Católica.

As organizações modernas e contemporâneas são consideradas mais eficientes do que as organizações antigas e medievais, e o motivo disso é o simples fato de que as organizações precisaram evoluir e se aperfeiçoar para atender às novas exigências e necessidades da sociedade.

A civilização moderna depende, em grande parte, das organizações, como as formas mais racionais e eficientes que se conhecem de agrupamento social. Elas criam um poderoso instrumento social, por meio da coordenação de um grande número de ações humanas. Combinam pessoal e recursos ao reunir líderes, especialistas, operários, máquinas e matérias-primas. Ao mesmo tempo, avaliam continuamente sua realização e procuram ajustar-se, a fim de atingir seus objetivos (Etzioni, 1973, p. 7). Dessa maneira, como mencionamos, as organizações modernas e contemporâneas são mais eficazes que suas antecessoras, pois, para atender às novas necessidades das sociedades, precisaram evoluir.

Podemos nos questionar: qual é o motivo da existência das organizações?

Para Maximiano (2005), o principal motivo da existência e da importância das organizações está relacionado ao fato de que determinados objetivos só podem ser alcançados por meio da ação coordenada de grupos de pessoas.

>>> Perguntas & respostas

Qual é a definição do termo *organização*?
Organização é a união planejada de forma intencional, estruturada e de comum acordo entre um grupo de pessoas, com o intuito de atingir determinados objetivos comuns.

Para Etzioni (1973, p. 9-10), as organizações são unidades sociais (ou agrupamentos humanos) intencionalmente construídas e reconstruídas, a fim de atingir objetivos específicos. Incluem-se as corporações, os exércitos, as escolas, os hospitais, as igrejas e as prisões; excluem-se as tribos, as classes, os grupos étnicos, os grupos de amigos e as famílias. As organizações caracterizam-se por:

» divisões de trabalho, poder e responsabilidades de comunicação que não são casuais ou estabelecidas pela tradição, mas planejadas intencionalmente a fim de intensificar a realização de objetivos específicos;

» um ou mais centros de poder que controlam os esforços combinados da organização e os dirigem para seus objetivos (esses centros de poder precisam também reexaminar continuamente a realização da organização e, quando necessário, reordenar sua estrutura, a fim de aumentar sua eficiência);

» substituição do pessoal, isto é, as pessoas pouco satisfatórias podem ser demitidas e outras pessoas podem ser designadas para suas tarefas; a organização também pode recombinar seu pessoal usando transferências e promoções.

É importante frisarmos que, na definição de *organizações*, estão explícitos alguns pontos fundamentais:

» união de pessoas;
» objetivos comuns;
» trabalho cooperativo.

Sobre o que foi afirmado até este ponto, observemos as considerações de Chiavenato (2004, p. 9, grifo nosso):

> *Uma organização é uma entidade social composta de pessoas que trabalham juntas e deliberadamente estruturada e organizada para atingir um objetivo comum. Quando dizemos uma* **entidade social**

deliberadamente estruturada e organizada queremos dizer que as tarefas são divididas entre seus membros e a responsabilidade pelo seu desempenho é atribuída a cada um dos membros da organização. Uma organização é uma sociedade em miniatura na qual coexistem dois tipos de pessoas: os líderes e os subordinados.

Sobre os recursos que as constituem, as organizações apresentam a seguinte composição:

» recursos humanos (pessoas);
» recursos materiais;
» recursos financeiros.

Quando afirmamos que as organizações são formadas por três tipos de recursos, entre os quais se incluem os recursos materiais, encontramos a área de **logística** e **distribuição física**. Cabem aos profissionais responsáveis por essas atividades a guarda e o deslocamento dos materiais da organização. Assim, mesmo que pareça não ter muita importância, compreender as organizações e seu funcionamento é fundamental para qualquer profissional que vai atuar nas organizações.

As organizações, além de serem formadas por pessoas para desempenhar suas atividades e alcançar seus objetivos, precisam de recursos financeiros e materiais. No entanto, certamente, os recursos humanos são os principais meios empregados pela organização para atingir seus objetivos.

Você, futuro profissional da área de logística, deve estar se questionando qual é o motivo de analisar o conceito de *organização* e as ideias propostas por Etzioni (1973).

Vamos responder aos dois questionamentos: primeiro, você precisa compreender o conceito de *organização*, como é composta e como se comporta, de modo a entender que as organizações são constituídas de pessoas e diversos setores e departamentos interligados, os quais só funcionam de forma eficiente se estiverem em harmonia entre si. Mas essa questão será tratada um pouco mais adiante, quando forem apresentados o conceito de *sistema aberto*.

O segundo questionamento pode ser respondido pelo simples fato de Etzioni ter sido um dos principais analistas das organizações. Seus conhecimentos foram, e continuam a ser, referência para os estudos dessas formações.

Agora que já vimos que as organizações são formadas por pessoas que procuram atingir objetivos comuns, precisamos compreender o conceito de *objetivos* e sua relação com as organizações.

>>> Perguntas & respostas

O que são objetivos organizacionais?

Objetivos organizacionais são as metas e os resultados esperados que orientam as atividades desenvolvidas pelas organizações e pelas pessoas que nelas atuam.

Em termos de gestão empresarial, o objetivo organizacional é o alvo que precisa ser alcançado para que a organização possa atingir suas metas, ou seja, é a tradução da missão da organização em termos específicos e mensuráveis (Shigunov Neto; Dencker; Campos, 2006).

Portanto, podemos definir os objetivos organizacionais como uma situação continuamente almejada pela organização, a qual disponibiliza seus recursos (materiais, financeiros e humanos) para atingi-los. De acordo com Etzioni (1973, p. 13),

> *Os objetivos organizacionais têm muitas funções, pois, pela apresentação de uma situação futura, indicam uma orientação que a organização procura seguir. Dessa forma, estabelecem linhas-mestras para a atividade da organização. Os objetivos constituem, também, uma fonte de legitimidade que justifica as atividades de uma organização e, na verdade, até sua existência. Além disso, os objetivos servem como padrões, através dos quais os membros de uma organização e os estranhos a ela podem avaliar o êxito da organização – isto é, sua eficiência e seu rendimento. Os objetivos servem também,*

de maneira semelhante, como unidades de medida para o estudioso de organização, que tanta verificar sua produtividade.

Normalmente, as organizações têm diversos objetivos, os quais desempenham muitas funções. Além disso, é preciso compreender que existem os objetivos organizacionais, os objetivos de grupos formais e informais e os objetivos pessoais.

» **Figura 1.1** – Os diversos objetivos e suas relações

```
   ┌──────────┐         ┌──────────┐
   │Objetivos │ ⟺       │Objetivos │
   │ pessoais │         │dos grupos│
   └────┬─────┘         └─────┬────┘
        ⇕                     ⇕
      ┌──────────────────────────┐
      │ Objetivos organizacionais│
      └──────────────────────────┘
```

Como é possível conciliar e equilibrar os objetivos organizacionais com os objetivos pessoais e profissionais de seus membros?

É nesse momento que se destaca o importante papel do gestor também como administrador de uma organização. É ele que deve fazer com que os objetivos organizacionais se articulem plenamente com os objetivos pessoais.

A formulação dos objetivos organizacionais é geralmente realizada com base em uma complexa relação de interesses e poder estabelecida entre seus membros.

Uma organização pode ter vários objetivos, os quais podem ser continuamente reformulados em razão das necessidades e da conjuntura na qual está inserida.

Tendo em vista o conceito de *organização* e seus objetivos, é possível ampliar a discussão e analisar como a organização se relaciona com os ambientes interno e externo.

Assim como ocorre com as pessoas, as organizações também não vivem isoladas na sociedade – elas se relacionam com seu ambiente externo – e, por isso, podem ser consideradas sistemas.

>>> Fique atento!

Um **sistema** é o conjunto de elementos interdependentes e interagentes que formam um todo organizado que visa atingir os objetivos organizacionais previamente estabelecidos.

O termo *sistema* tem origem no grego σύστημα (*systēma*) e significa "conjunto de elementos interdependentes que formam um todo organizado".

Para Maximiano (2005), um sistema é um todo complexo ou organizado; é um conjunto de partes ou elementos que formam um todo unitário. Um conjunto de partes que interagem e funcionam é um sistema.

Para facilitar a compreensão do que seja um sistema, apresentamos alguns exemplos de sistemas que encontramos em nosso dia a dia: sistema de produção; sistema de qualidade; sistema de transporte; sistema de informações; sistema nervoso; sistema respiratório; sistema circulatório; sistema de governo; sistema judiciário; sistema eleitoral.

» **Quadro 1.1** – Definições de *sistema*

Autor(es)	Definições de *sistema*
Silva (2002)	Um sistema pode ser definido como um conjunto de elementos interagentes e interdependentes relacionados cada um a seu ambiente, de modo a formar um todo organizado.
Certo (2003)	Um sistema é um conjunto de partes interdependentes que funcionam como um todo para algum propósito.
Caravantes; Panno; Kloeckner (2005)	Sistema é qualquer entidade, conceitual ou física, composta de partes inter-relacionadas, interatuantes ou interdependentes.
Chiavenato (2006)	Sistema é um conjunto de elementos dinamicamente relacionados entre si, formando uma atividade para atingir um objetivo, operando sobre entradas (informação, energia ou matéria) e fornecendo saídas (informação, energia ou matéria) processadas. Os elementos, as relações entre eles e os objetivos (ou propósitos) constituem os aspectos fundamentais da definição de um sistema.
Daft (2010)	Um sistema é um conjunto de partes inter-relacionadas que funcionam como um todo para alcançar um objetivo comum. Um sistema funciona adquirindo *inputs* (entradas) do ambiente externo, transformando-os de alguma forma, e descarregando *outputs* (saídas) de volta ao ambiente.
Oliveira (2011)	Sistema é um conjunto de partes interagentes e interdependentes que, conjuntamente, formam um todo unitário com determinado objetivo e efetuam função específica.

Para Chiavenato (2004), um sistema é um conjunto integrado de partes que estão direta e dinamicamente relacionadas e que desenvolvem atividades com o intuito de atingir objetivos específicos. Todo sistema apresenta os seguintes elementos:

» entradas ou insumos (*inputs*);
» saídas ou resultados (*outputs*);
» subsistemas;
» retroação (*feedback*);
» ambiente;
» limites ou fronteiras.

A seguir, apresentamos um modelo genérico de sistema aberto, o qual apresenta uma entrada (pode ser informação, energia, recursos materiais), que é transformada ou processada, e uma saída, que fornece melhorias da entrada.

» **Figura 1.2** – Modelo genérico de sistema aberto

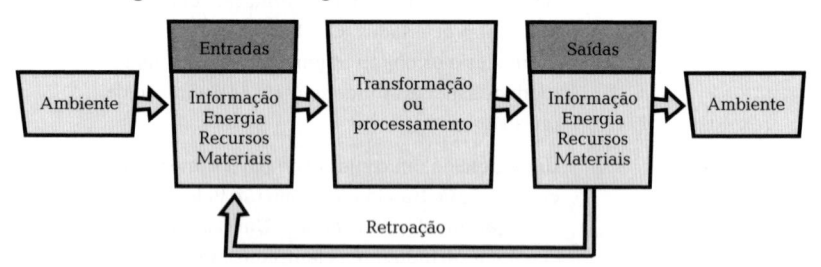

| Ambiente | Entradas: Informação Energia Recursos Materiais | Transformação ou processamento | Saídas: Informação Energia Recursos Materiais | Ambiente |

Retroação

Fonte: Chiavenato, 1993, p. 756.

Um exemplo prático desse modelo pode ser representado pela situação típica de um aluno do curso superior de Tecnologia em Logística. Ao ingressar no curso, o estudante tem sua experiência, suas competências e seus conhecimentos adquiridos no trabalho e na vida. Quando começa a estudar, ocorre uma transformação ou um processamento do conhecimento. O aluno precisa dispor de tempo e vontade para adquirir novos conhecimentos, e a faculdade ou universidade disponibilizará recursos pedagógicos para o processo de ensino e aprendizagem. Ao final do curso, teremos um profissional formado e com novos conhecimentos e competências.

O conceito de *sistemas* foi formulado e desenvolvido inicialmente pelo economista Kenneth Boulding na década de 1950 e por Ludwig von Bertalanffy, criador da teoria geral dos sistemas. Na área da administração, a teoria geral dos sistemas está inserida na abordagem sistêmica e trouxe diversas contribuições importantes, entre elas o conceito de *sistema aberto*.

>>> Biografias

Ludwig von Bertalanffy (1901-1972) nasceu em uma pequena vila próxima a Viena, em 19 de setembro de 1901. Em 1918, começou seus estudos em História da Arte e Filosofia, primeiramente na Universidade de Innsbruck e depois na Universidade de Viena, onde se tornou discípulo dos filósofos Robert Reininger e Moritz Schlick, um dos fundadores do Círculo de Viena. Terminou seu PhD com uma tese sobre o físico e filósofo alemão Gustav Theodor Fechner, em 1926, e publicou seu primeiro livro sobre biologia teórica dois anos mais tarde. Em 1954, Bertalanffy fundou a Society for General Systems Research. O estudioso usou essa denominação para descrever as características principais das organizações como sistemas, pouco antes da Segunda Guerra Mundial. As hipóteses do filósofo austríaco desde o início evidenciavam sua descrença em uma visão meramente mecanicista baseada na física newtoniana dos fenômenos biológicos, que deveriam ser ampliados por uma visão que considerasse o todo, suas inter-relações e as relações com seu ambiente. Com base nesse entendimento, estava dado o primeiro passo para a concepção do conceito de *complexidade* – múltiplas relações e interconexões –, o qual foi posteriormente levado também para a análise dos sistemas sociais, como os governos e as empresas.

Kenneth Boulding (1910-1993) foi professor de Economia na Universidade de Edimburgo, na Escócia. É autor da obra *Análise econômica*. Em 1953, fundou a Sociedade para o Avanço dos Sistemas.

Até o surgimento dessa teoria, os estudiosos da administração consideravam que a organização era um sistema fechado, isolado de tudo, que não interagia com seu ambiente externo. Assim, supunham que seu comportamento e desempenho não eram influenciados pelo ambiente externo, mas apenas pelo ambiente interno.

A teoria geral dos sistemas de Bertalanffy trouxe uma nova visão da organização e demonstrou que a organização interage de forma dinâmica tanto com o ambiente interno quanto com o externo, comprovando cientificamente que as organizações são sistemas abertos e influenciados pelo meio.

>>> Para saber mais

A abordagem sistêmica da administração proposta pelo biólogo austríaco Ludwig von Bertalanffy é constituída pela integração das visões da administração em que predominam os fatores técnicos da escola clássica e os fatores humanos da escola comportamental. Nesse contexto teórico, foi proposta uma radical inversão nos princípios básicos até então aceitos: o reducionismo transformou-se em expansionismo, o pensamento analítico cedeu lugar ao pensamento sintético, e o mecanicismo foi substituído pela teleologia. O objeto de estudo da abordagem sistêmica da ciência administrativa é o sistema.

As pesquisas e os estudos realizados por teóricos dessa linha tentavam compreender como os sistemas organizacionais eram estruturados e quais práticas administrativas eram necessárias para o bom funcionamento da organização. Os principais teóricos pertencentes a essa abordagem são: Ludwig von Bertalanffy; E. J. Miller; A. K. Rice; Daniel Katz; Robert l. Kahn; Fremont Kast; James Rosezweig; Norbert Wiener; Anthony Stafford Beer; C. West Churchman; Pierre de Latil; J. E. Rosenzweig; R. A. Rosenthal; Johann von Neumann; Oskar Morgenstern; Claude E. Shannon; Warren Weaver; Kenneth Boulding; Martin K. Starr; Walter B. Cannon; Charles Perrow; Water Buckley; Herbert G. Hicks; C. Ray Gullet.

Fonte: Adaptado de Shigunov Neto; Dencker; Campos, 2006.

Compreendemos que existem sistemas abertos e sistemas fechados, mas você sabe distingui-los? São exemplos de sistemas abertos as empresas, as pessoas, os seres vivos, o mercado consumidor e a economia de um país. Já entre os exemplos de sistema fechado temos as máquinas, como motores e relógios.

Para Chiavenato (2004), as organizações são sistemas abertos que interagem de forma dinâmica e complexa com seus ambientes. Para o referido autor, o ambiente organizacional pode ser dividido em dois grandes ambientes: o **ambiente geral** e o **ambiente específico**. O ambiente geral ou macroambiente é formado pelas condições ambientais, tecnológicas, sociais, legais, políticas, culturais, demográficas e ecológicas de seu entorno. Já o ambiente específico, microambiente ou, ainda, ambiente de tarefa é formado pelos fornecedores, pelos clientes, pelos concorrentes e pelas agências reguladoras.

» **Figura 1.3** – Macroambiente e microambiente da organização

```
                    Variáveis
      Macroambiente econômicas
                                    Variáveis
                                    tecnológicas
  Variáveis     Concorrentes  Microambiente
  sociais
                Fornecedores  Organização  Clientes  Variáveis
                                                     políticas
  Variáveis legais
                    Agências
                    reguladoras       Variáveis
                                      culturais
              Variáveis
              demográficas  Variáveis
                            ecológicas
```

Fonte: Chiavenato, 2004, p. 582.

Daft (2010) afirma que o ambiente organizacional externo inclui os elementos que existem do lado de fora da organização e que de alguma forma podem afetá-la. Já o ambiente interno tem dois níveis: **ambiente geral** e **ambiente operacional**.

Ainda de acordo com Daft (2010), o ambiente geral exerce influência ao longo do tempo, pois seus componentes não estão diretamente envolvidos nas operações diárias. As dimensões do ambiente geral são:

» dimensão internacional;
» dimensão tecnológica;
» dimensão sociocultural;
» dimensão econômica;
» dimensão legal-política.

Prosseguindo com Daft (2010), o ambiente operacional é o mais próximo da organização e inclui setores que podem influenciar diretamente suas operações básicas e seu desempenho, a saber:

» clientes;
» concorrentes;
» fornecedores;
» mercado de trabalho.

Como vimos, apesar de cada pesquisador apresentar suas variáveis e a forma de analisar os fatores que afetam direta e indiretamente as organizações, é inegável que os empreendimentos são influenciados por seu ambiente externo e pelas diversas variáveis que constituem esse ambiente.

Mas qual é o motivo de haver tanta preocupação com o ambiente externo?

O ambiente externo e suas diversas variáveis podem criar incertezas e prejudicar o desempenho das organizações, na medida em que criam incertezas aos gestores quando não dispõem de dados e informações suficientes para tomar suas decisões.

E como os gestores podem minimizar as incertezas criadas pelo ambiente externo?

Os gestores precisam ter informações, dados e conhecimentos suficientes sobre os fatores ambientais externos que podem causar as incertezas para poderem compreender e prever as necessidades e mudanças ambientais. Ou seja, é necessário dispor de informações e dados precisos e confiáveis sobre os concorrentes, os clientes, os fornecedores, as questões econômicas, tecnológicas e socioculturais para que as decisões mais acertadas para cada momento possam ser tomadas.

»> Para saber mais

Caso queira obter mais informações sobre os fundamentos e os conceitos das organizações, vale a pena consultar os seguintes livros:

CHIAVENATO, I. **Administração nos novos tempos**. 2. ed. rev. e atual. Rio de Janeiro: Campus, 2004.

O Capítulo 10, "Fundamentos da organização", define a organização como uma função administrativa.

DAFT, R. L. **Administração**. São Paulo: Cengage Learning, 2010.

O Capítulo 3, "O ambiente e a cultura corporativa", apresenta uma análise do ambiente da organização e as implicações para seu desempenho.

MAXIMIANO, A. C. A. **Teoria geral da administração**: da revolução urbana à revolução digital. 5. ed. São Paulo: Atlas, 2005.

O Capítulo 18, "Novos modelos das organizações", apresenta uma análise dos novos modelos de organizações presentes na atualidade e suas peculiaridades.

SILVA, R. O. da. **Teorias da administração**. São Paulo: Pioneira Thomson Learning, 2002.

O Capítulo 2, "As organizações e seu ambiente", apresenta os conceitos e desafios das organizações e conceitua as organizações como sistemas.

Agora que já analisamos o que são organizações, sua composição e sua importância para a sociedade e que demonstramos que as organizações são sistemas abertos que interagem com seus ambientes interno e externo, vamos tratar no próximo tópico da administração, suas áreas e seus departamentos.

» Administração: áreas e departamentos

A administração, também chamada de *ciência administrativa* por pesquisadores, é a área do conhecimento humano que apresenta como objeto de estudo as organizações. A ciência administrativa, por meio de inúmeros instrumentos teóricos e metodológicos, visa compreender e explicar o comportamento das organizações ao longo da história. Como ciência que se dedica ao estudo das organizações, é relativamente recente e surgiu logo após a Revolução Industrial; entretanto, os conhecimentos referentes à ciência administrativa sempre foram utilizados pela civilização humana (Shigunov Neto; Teixeira; Campos, 2005). Trata-se da área de conhecimento constituída por abordagens, teorias, práticas e modelos administrativos formulados, testados e implementados ao longo de sua recente história de vida.

Peter Drucker (1969, p. 17), renomado estudioso da área, define *administração* da seguinte forma: órgão da sociedade especificamente encarregado de tornar produtivos os recursos, isto é, que tem sobre si a responsabilidade do progresso econômico organizado, que reflete o espírito fundamental da era moderna. Ela é, de fato, indispensável – e isso explica por que, uma vez gerada, cresceu com tanta rapidez e tão pouca oposição.

>>> **Biografia**

Peter Ferdinand Drucker (1909-2005) nasceu em Viena, na Áustria, em 1909. Formou-se em Direito e obteve o título de doutor em Direito Público e Internacional em Frankfurt, na Alemanha. Foi jornalista econômico. No final da década de 1930, mudou-se para os Estados Unidos, onde foi jornalista e economista de um grupo de bancos e financeiras. Durante a Segunda Guerra Mundial, realizou estudos para a General Motors. Publicou centenas de artigos científicos em revistas acadêmicas e científicas. É autor de mais de 30 livros, cujos títulos mais significativos são, entre outros: *A nova sociedade* (1950), *Prática da administração de empresas* (1954), *Administração lucrativa* (1964) e *O gerente eficaz* (1967). Peter Drucker é considerado o "pai da administração", uma referência para todos os administradores e organizações.

Para Maximiano (2005), a administração é o processo de tomar decisões sobre objetivos e utilização de recursos. O processo administrativo abrange cinco tipos principais de decisões, também chamadas *processos* ou *funções*: **planejamento, organização, liderança, execução** e **controle**.

O processo administrativo pode ser encontrado em todas as áreas e departamentos das organizações. Por exemplo: o tecnólogo em logística, em seu dia a dia, para realizar suas atividades de forma eficiente, deve planejar, organizar, liderar, executar e controlar as atividades de logística.

No conceito apresentado por Maximiano (2005), cabe destacarmos que a administração é, fundamentalmente, a atividade de tomar decisões sobre os objetivos das organizações e os recursos disponíveis.

Existem várias definições de *administração* e do processo administrativo ou das funções da administração, mas o primeiro estudioso a formular as funções administrativas foi Henri Fayol, que assim as definiu:

» prever;
» organizar;
» comandar;
» coordenar;
» controlar.

>>> Biografia

Henri Fayol nasceu em 1814 em Constantinopla e formou-se em Engenharia de Minas pela Escola de Minas de Saint-Etienne. Trabalhou grande parte de sua vida profissional como engenheiro e diretor de uma indústria de mineração. Também foi diretor de diversas sociedades de sua área e fundador da doutrina denominada de *fayolismo*. Sua preocupação principal era analisar as funções gerais da administração. Diferentemente de Taylor, não tinha como objeto de estudo as tarefas, e sim a administração racional e eficaz das organizações. Para Fayol, qualquer espécie de organização tem seis tipos de operações/funções essenciais: operações técnicas (produção, fabricação, transformação); operações comerciais (compras, vendas, permutas); operações financeiras (procura e gerência de capitais); operações de segurança (proteção de bens e pessoas); operações de contabilidade (inventários, balanços, preços de custo, estatística); e operações administrativas (previsão, organização, direção, coordenação e controle). Com exceção da função administrativa, que, segundo Fayol, é mal compreendida e tinha sua esfera de ação mal definida pelos executivos, todas as demais funções eram bem conhecidas e utilizadas corretamente. Para Fayol, a função administrativa é constituída por previsão, organização, coordenação, controle e direção. A principal função da administração é a direção, pois é ela que conduz a empresa.

Cabe destacarmos que, apesar de terem sido formuladas em 1916, ainda hoje encontramos nos livros e no dia a dia das organizações as funções da administração idealizadas por Fayol.

Para Chiavenato (2004), a administração se refere à combinação e à aplicação de recursos organizacionais – humanos, materiais, financeiros, informação e tecnologia – para atingir os objetivos organizacionais e um alto desempenho. O autor complementa afirmando que a administração movimenta toda a organização em direção a seu propósito ou objetivo por meio da definição de atividades que cada um de seus membros deve desempenhar da melhor forma possível.

A administração é constituída por conhecimentos, teorias e pesquisas compartilhados por diversas áreas, que juntas geram os conhecimentos sobre o funcionamento das organizações.

>>> Fique atento!

A **logística** é uma das áreas da administração responsável pelas atividades de distribuição física e armazenamento dos recursos materiais da organização.

Até alguns anos atrás, essa área não fazia parte do rol de áreas da administração. Somente recentemente a logística começou a ser objeto de estudo de pesquisadores.

Entre as áreas administrativas, podemos citar: Administração Pública, administração de sistemas de informação, administração da produção, administração de *marketing*, administração de material, administração financeira, gestão de pessoas, gestão de serviços, gestão de vendas, qualidade, gestão ambiental, logística.

» **Figura 1.4** – Áreas da administração

```
         Gestão          Gestão de
        ambiental         pessoas
  Administração
  de marketing                    Administração
                ADMINISTRAÇÃO      financeira
      Logística
                              Administração
                 Administração   da produção
                 de material
```

Para nossos estudos, é importante compreendermos que, para que as organizações funcionem, todas as áreas devem funcionar em sintonia e interligadas. Sem isso, provavelmente as organizações não conseguirão atingir seus resultados da melhor forma possível.

Assim, a área de logística deve estar relacionada às áreas de administração da produção, *marketing*, gestão de pessoas e administração financeira.

Vejamos um exemplo prático da relação existente entre as áreas de logística, administração de materiais, de produção e de *marketing*. O Setor de *Marketing* de uma montadora de ônibus com uma política agressiva de vendas fechou um pedido de produção de 500 modelos para serem exportados para o México. O pedido foi despachado para o gerente de produção, que iniciou o processo de produção com a solicitação de matéria-prima para o Setor de Logística, o qual, após verificar a disponibilidade, encaminhou os produtos solicitados ao setor de produção. Ao final do processo de produção, o Setor de Logística e o Setor de *Marketing* foram novamente chamados para realizar o processo de distribuição do produto para o cliente final.

A administração, portanto, é a área de conhecimento constituída por abordagens, teorias, práticas e modelos administrativos formulados, testados e implementados ao longo de sua recente história de vida (100 anos, que foram completados em 2006). As organizações são constituídas de várias áreas que devem funcionar em sintonia e interligadas. Uma dessas áreas é a logística.

⟫⟫ Para saber mais

Caso queira obter mais informações sobre o conceito de *administração*, suas funções e suas áreas, pesquise os seguintes livros:

CHIAVENATO, I. **Administração nos novos tempos**. 2. ed. rev. e atual. Rio de Janeiro: Campus, 2004.

Capítulo 1 – "Natureza e os desafios atuais da administração"
Capítulo 2 – "Visão histórica da administração"

DAFT, R. L. **Administração**. São Paulo: Cengage Learning, 2010.

Capítulo 1 – "Administração inovadora para tempos turbulentos"
Capítulo 2 – "A evolução do pensamento da administração"

MAXIMIANO, A. C. A. **Teoria geral da administração**: da revolução urbana à revolução digital. 5. ed. São Paulo: Atlas, 2005.

Capítulo 1 – "Significado da administração"
Capítulo 4 – "Fayol e a escola do processo de administração"

SILVA, R. O. da. **Teorias da administração**. São Paulo: Pioneira Thomson Learning, 2002.

Capítulo 1 – "A administração hoje"
Capítulo 5 – "A teoria administrativa"

»» Vídeos

HISTORIAÇÃO HUMANA. **Revolução Industrial**: fordismo, taylorismo e just in time – Resumo História Enem. Videoaula. 15 ago. 2013. Disponível em: <https://www.youtube.com/watch?v=mmw21m6kPts>. Acesso em: 7 fev. 2016.

NEVES, R. **Revolução Industrial**. 8 jun. 2014. Disponível em: <https://www.youtube.com/watch?v=2GXlVeT5o>. Acesso em: 7 fev. 2016.

UCDB VIRTUAL. **Fundamentos da administração**: Revolução Industrial. 24 jun. 2015. Disponível em: <https://www.youtube.com/watch?v=DM8jsAne4Uc>. Acesso em: 7 fev. 2016.

Vamos passar agora à análise do conceito de *logística*.

»» Logística: conceitos e história

Após a breve análise das organizações e da administração e suas áreas, compreensão fundamental para o entendimento da logística e da distribuição física, faremos primeiramente, antes de adentrarmos na análise da logística e de seu processo de transformação no mundo empresarial, a apresentação de alguns conceitos relacionados com o de *logística*.

Para um melhor entendimento da logística e de sua importância para o desempenho das organizações, é preciso compreender alguns termos bastante usados quando tratamos da temática, como *eficácia*, *eficiência*, *produtividade* e *competitividade*.

Vamos começar por duas definições que parecem idênticas, mas que, em termos organizacionais, proporcionam resultados muito diferentes: eficiência e eficácia. Essas definições costumam variar muito, dependendo do autor que estamos analisando.

A **eficácia** indica que a organização busca a realização de seus objetivos. Já a **eficiência** indica que a organização utiliza produtivamente ou de maneira econômica seus recursos; quanto mais alto for o grau de produtividade ou economia na utilização dos recursos, mais eficiente conseguirá ser a organização.

>>> Perguntas & respostas

Qual é a diferença entre os termos *eficiência* e *eficácia*?
De forma geral, podemos dizer que a eficácia refere-se à preocupação em atingir um objetivo predeterminado, ao passo que a eficiência pode ser entendida como a realização de tarefas de maneira correta, com o mínimo possível de atividades realizadas e com o aproveitamento máximo de todos os recursos disponíveis.

A produtividade é o valor dos resultados (produtos e serviços) dividido pelo valor dos insumos (salários, custos dos equipamentos, matérias-primas etc.) utilizados. Portanto, a forma como os processos produtivos são gerenciados desempenha um papel fundamental na melhoria da produtividade, ou seja, há uma relação direta entre a gestão da produção e a produtividade (Shigunov Neto; Scarpim, 2014).

Há uma relação direta entre eficiência e produtividade, pois, quanto maior for a eficiência de uma organização, mais produtiva ela será.

A produtividade se constitui numa meta organizacional, pois seu objetivo principal é a redução de custos para obtenção do produto ou serviço, bem como a otimização dos tempos de produção. Diminuindo seus custos e otimizando seus processos produtivos, a organização pode alocar dinheiro e tempo economizados em prol de um novo projeto (Shigunov Neto; Scarpim, 2014).

Além da relação direta entre eficiência e produtividade, também é possível incluir uma nova variável nessa complexa relação, a **competitividade**. Podemos afirmar que a produtividade e a eficiência são prerrequisitos para que as organizações obtenham competitividade.

Competitividade significa proporcionar aos consumidores um produto ou serviço com qualidade e com um preço acessível em relação aos concorrentes, ou seja, competir pelo mercado com qualidade.

Para Shigunov Neto, Dencker e Campos (2006), o termo *competitividade* pode ser definido como a qualidade de ser competitivo; a capacidade de uma organização de oferecer serviços e produtos que atendam às necessidades e expectativas dos consumidores, sempre visando à redução dos custos e ao aumento dos lucros.

De acordo com Maximiano (2005), a competitividade deriva da concepção de eficácia aplicada particularmente às empresas. As empresas têm natureza competitiva, ou seja, concorrem entre si, disputando a preferência dos mesmos clientes e consumidores. O sucesso de uma pode significar o fracasso de outra. Entende-se que competitividade é tornar uma empresa mais forte que suas concorrentes, ganhando a preferência dos consumidores em relação às demais empresas que atuam no mesmo segmento de mercado.

Martins e Laugeni (2005) afirmam que competitividade é ter condições de concorrer com um ou mais fabricantes e fornecedores de um produto ou serviço em determinado mercado. Entende-se que ser competitivo é estar em igualdade de condições com outros fabricantes ou fornecedores quando do oferecimento de um produto/serviço.

Segundo Campos (1992), competitividade é ter a maior produtividade perante a concorrência. Dessa forma, deduz-se que, quanto melhores forem a produtividade e a eficiência de uma organização, mais chances a organização terá de ser competitiva diante de sua concorrência.

Analisando os conceitos dos pesquisadores, compreendemos, de modo geral, que competitividade significa ser eficientemente capaz de competir com os demais fabricantes ou concorrentes quando do fornecimento de um produto ou serviço aos clientes internos e externos.

Após essa breve análise dos conceitos de *eficácia*, *eficiência*, *produtividade* e *competitividade*, podemos realizar uma análise do conceito de *logística*, de seu processo de transformação ao longo da história e também de sua aplicabilidade no mundo empresarial.

O termo *logística* tem origem do grego *logistiké* e refere-se a uma área militar que trata do alojamento, equipamento e transporte de tropas, produção, distribuição, manutenção e transporte de material e outras atividades não combatentes.

A logística, como é concebida atualmente, tem origem na Segunda Guerra Mundial, quando estava ligada a estratégias e operações militares.

» **Quadro 1.2** – Definições de *logística*

Autor(es)	Definições de *logística*
Novaes (2007, p. 35)	"Logística é o processo de planejar, implementar e controlar de maneira eficiente o fluxo e a armazenagem de produtos, bem como os serviços e as informações associados, cobrindo desde o ponto de origem até o ponto de consumo, com o objetivo de atender aos requisitos do consumidor."
Christopher (2007, p. 3)	"Logística é o processo de gerenciamento estratégico da compra, do transporte e da armazenagem de matérias-primas, partes e produtos acabados (além dos fluxos de informação relacionados) por parte da organização e de seus canais de *marketing*, de tal modo que a lucratividade atual e futura sejam maximizadas mediante a entrega de encomendas com o menor custo associado."
Ballou (2009, p. 17)	"A logística empresarial estuda como a Administração pode prover melhor nível de rentabilidade nos serviços de distribuição aos clientes e consumidores, através de planejamento, organização e controle efetivos para as atividades de movimentação e armazenagem que visam facilitar o fluxo de produtos."

Novaes (2007) afirma que a função logística, quando surgiu nas operações militares, apesar de ser fundamental, tinha pouca visibilidade e *status*. O objetivo era auxiliar os generais em suas estratégias militares, pois, ao fazerem avançar as tropas, os generais precisavam também ter uma equipe para cuidar do deslocamento de equipamentos, munições e socorro médico para o campo de batalha. Dessa forma, e apesar de serem essenciais para o sucesso de campanhas militares, os grupos logísticos eram vistos apenas como serviço de apoio e não tinham o privilégio do reconhecimento no sucesso obtido.

É possível afirmarmos que a logística é considerada hoje de extrema importância na estratégia de qualquer organização. Entretanto, isso nem sempre foi assim, pois, durante muitos anos, foi vista como atividade secundária e de menor prestígio em relação a outras atividades e funções das organizações. Em parte, isso pode ser explicado pelo fato de as atividades logísticas serem funções secundárias da atividade principal da organização e não gerarem resultados de forma direta.

A figura a seguir apresenta o sistema logístico como um conjunto de componentes interligados e que se complementam de forma harmônica para o alcance de um objetivo comum. A figura nos mostra, no ambiente externo, os elementos que compõem o sistema logístico (os concorrentes, os clientes, os fornecedores e os 3 PLs) e, no ambiente interno, os processos, as informações disponíveis, as pessoas e a infraestrutura que, por meio das funções da estratégia, dos custos, da engenharia e das operações, proporcionam as condições necessárias para o desempenho eficiente do sistema logístico.

» **Figura 1.5** – O sistema logístico

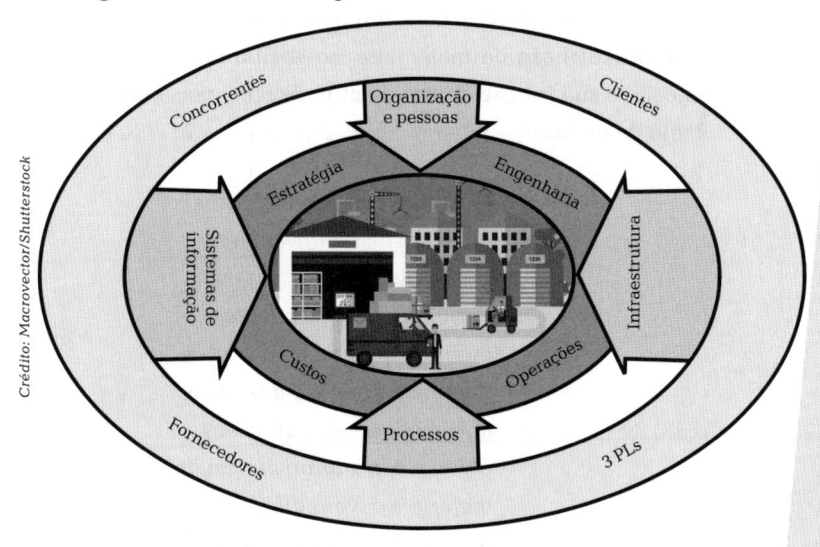

Fonte: Adaptado de Educação de Adultos, 2010.

>>> Para saber mais

A sigla 3PL tem origem do inglês *Third Party Logistics* e significa "operadores logísticos terceirizados", ou seja, são organizações especializadas que fornecem serviços de armazenagem e transporte. No Brasil, também estão sendo utilizadas tais siglas e serviços.

Para Dias (2015), a logística compõe-se de dois principais subsistemas de atividades:
» administração de materiais;
» transporte/distribuição física.

O subsistema de transporte e distribuição física será tratado no decorrer deste livro mais detalhadamente. Já sobre a área de administração de materiais, apresentaremos apenas seu conceito e sua função dentro da organização, pois não é nosso objeto de estudo.

> *Administração de materiais é um ato de balanceamento. O objetivo é tornar possível entregar o que os clientes querem, quando e onde eles querem e fazê-lo a um custo mínimo. Para atingir esses objetivos, a administração de materiais deve realizar barganhas entre o nível de serviços ao consumidor e o custo de fornecer esse serviço. Como regra, os custos crescem à medida que cresce o nível de serviços e a administração de materiais deve encontrar a combinação de insumos que maximize os serviços e minimize os custos.* (Arnold, 2014, p. 13)

>>> Fique atento!

A administração de materiais é a área da organização responsável pelo suprimento dos vários setores de matérias-primas, para que possam produzir os produtos, e também pela entrega dos produtos finais da organização a seus clientes.

Podemos resumir a função da administração de materiais à coordenação do fluxo de materiais na organização, com vistas à maximização da utilização dos recursos da empresa e ao fornecimento do produto ao cliente de forma eficiente.

As atividades logísticas foram confundidas por muito tempo com apenas transporte e armazenagem. Transportar é o simples processo de deslocar um produto de determinado local para outro, e a armazenagem é a atividade de guardar o produto. As atividades logísticas são um processo que envolve outras atividades e funções interligadas, fundamentais para o desempenho das organizações, de forma a torná-las competitivas.

Para Novaes (2007), a logística evoluiu muito e passou a ter papel fundamental no desempenho organizacional ao agregar valor de lugar, de tempo, de qualidade e de informação.

Desse conceito é possível destacar alguns elementos presentes nas atividades da logística:
» lugar;
» tempo;
» qualidade;
» informação.

Ainda de acordo com Novaes (2007), o processo de evolução da logística é dividido em quatro fases:
- » primeira fase – atuação segmentada;
- » segunda fase – integração rígida;
- » terceira fase – integração flexível;
- » quarta fase – integração estratégica (ou gerenciamento da cadeia de suprimento, em inglês *Supply Chain Management* – SCM).

» **Figura 1.6** – Evolução da logística[1]

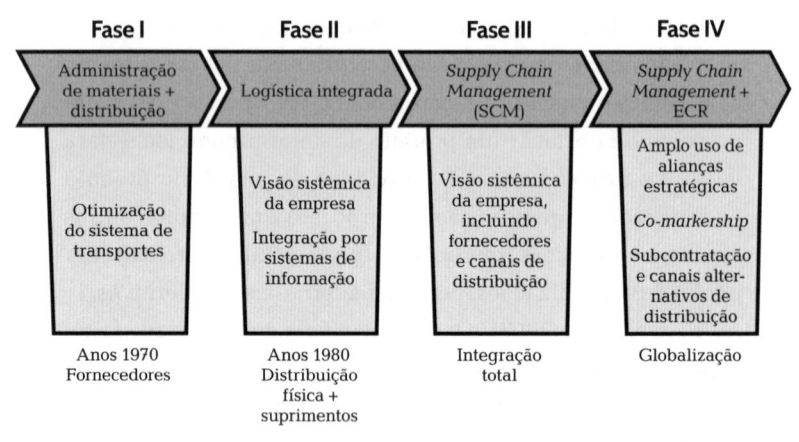

Fase I	Fase II	Fase III	Fase IV
Administração de materiais + distribuição	Logística integrada	Supply Chain Management (SCM)	Supply Chain Management + ECR
Otimização do sistema de transportes	Visão sistêmica da empresa / Integração por sistemas de informação	Visão sistêmica da empresa, incluindo fornecedores e canais de distribuição	Amplo uso de alianças estratégicas / Co-markership / Subcontratação e canais alternativos de distribuição
Anos 1970 Fornecedores	Anos 1980 Distribuição física + suprimentos	Integração total	Globalização

Nota: [1] ECR: Efficient Customer Response (Resposta Eficiente ao consumidor).
Fonte: Adaptado de O Modelo SCM, 2015.

A primeira fase do processo de transformação da logística é denominada *atuação segmentada*, pois a organização atua de forma isolada dos demais integrantes do processo. Essa atuação isolada gera um aumento de custo elevado, pois, para conseguir atender aos clientes, a organização precisa manter estoques de produtos, os quais representam custos elevados.

» **Figura 1.7** – Primeira fase da logística

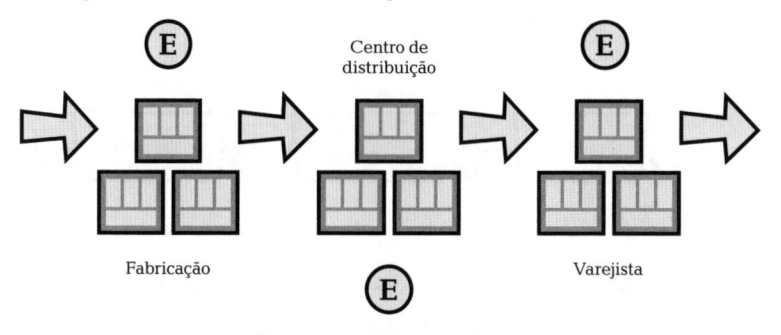

Fabricação — Centro de distribuição — Varejista

Subsistemas otimizados separadamente, com estoques servindo de pulmão

(E) Estoque

Fonte: Adaptado de O Modelo SCM, 2015.

Apesar de representar a primeira fase na evolução da logística, tal modelo de atuação isolada, segmentada e rígida ainda pode ser encontrado em muitas organizações.

A segunda fase do processo de transformação da logística, denominada *integração rígida*, sofre algumas alterações em relação à fase anterior, pois a organização passa a atuar de forma integrada com os demais componentes do processo. Essa integração ainda é muito rígida e compartilhada de forma parcial entre seus membros.

» **Figura 1.8** – Segunda fase da logística

Integração rígida entre subsistemas, mas com otimização
dois a dois, formando um duto rígido

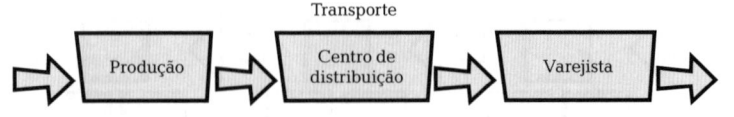

⇨ Produção ⇨ Centro de distribuição ⇨ Transporte Varejista ⇨

Fonte: Adaptado de O Modelo SCM, 2015.

A terceira fase do processo de transformação da logística, denominada *integração flexível*, é um aperfeiçoamento da fase anterior, e a integração se torna flexível entre os membros da cadeia de suprimentos.

» **Figura 1.9** – Terceira fase da logística

Integração flexível entre subsistemas com otimização global,
formando um duto flexível, adaptável às alterações externas

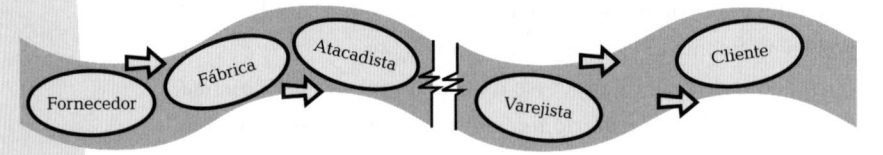

Fornecedor → Fábrica → Atacadista ⇢ Varejista → Cliente

Fonte: Adaptado de O Modelo SCM, 2015.

Há uma integração flexível e dinâmica entre os membros da organização e da cadeia de suprimentos (fornecedores e clientes). Além disso, é importante destacar que a integração nessa fase ocorre apenas em termos operacionais e físicos.

A quarta fase do processo de transformação da logística, denominada *integração estratégica* ou *gerenciamento da cadeia de suprimento* (SCM), é a mais complexa e permite uma integração total entre os membros da cadeia de suprimentos. Nessa fase, a logística é tida como fator estratégico e vantagem competitiva para as organizações. Abordaremos detalhadamente essa fase no Capítulo 2.

» **Figura 1.10** – Quarta fase da logística

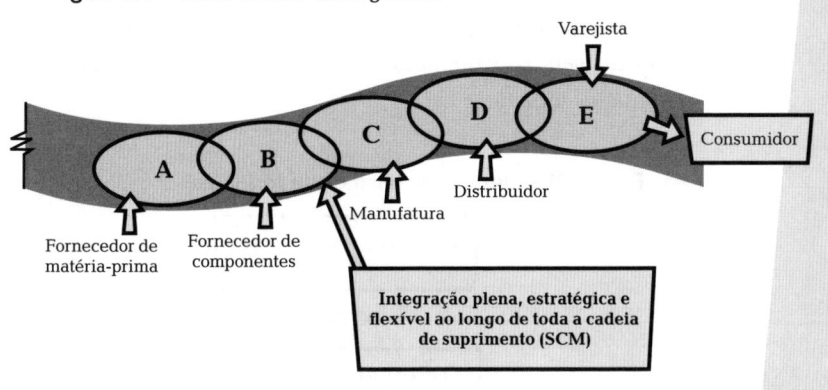

[Figura: diagrama mostrando a cadeia com os elos A, B, C, D, E, com setas indicando Varejista, Distribuidor, Manufatura, Fornecedor de matéria-prima, Fornecedor de componentes e Consumidor. Caixa de destaque: "Integração plena, estratégica e flexível ao longo de toda a cadeia de suprimento (SCM)"]

Fonte: Novaes, 2007, p. 49.

Qual fator (ou fatores) fez (ou fizeram) com que houvesse um grande interesse pelo estudo da logística?

Para Dias (2015), o interesse pela logística como uma área fundamental para a competitividade das organizações pode ser explicada por meio de alguns fatores:
» crescimento dos custos logísticos;
» complexidade da logística e da distribuição física;
» existência de maior gama de serviços logísticos;
» mudanças no mercado consumidor e nos canais de distribuição.

Vimos, portanto, que a logística ganhou papel de destaque no mundo empresarial por ser fundamental para tornar as organizações mais competitivas. Agora que você sabe o que significa *logística* e conhece sua importância para as organizações, podemos passar à análise dos elementos básicos que a compõem.

Cada pesquisador apresenta sua visão sobre tais componentes, mas, de forma geral, os elementos apresentados na figura a seguir são os principais elementos presentes em todas as atividades logísticas.

» **Figura 1.11** – Elementos básicos da logística

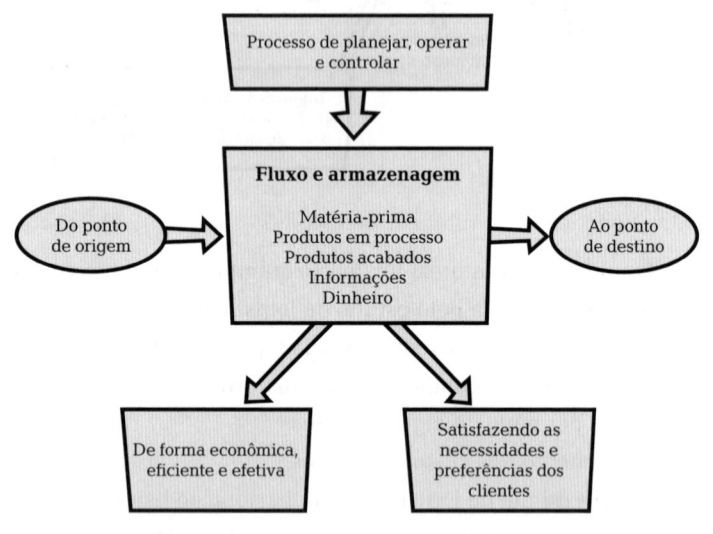

```
                  ┌─────────────────────────┐
                  │ Processo de planejar,   │
                  │ operar e controlar      │
                  └───────────┬─────────────┘
                              ▼
                  ┌─────────────────────────┐
                  │   Fluxo e armazenagem   │
  ┌──────────┐    │     Matéria-prima       │    ┌──────────┐
  │ Do ponto │───▶│  Produtos em processo   │───▶│ Ao ponto │
  │ de origem│    │   Produtos acabados     │    │de destino│
  └──────────┘    │      Informações        │    └──────────┘
                  │        Dinheiro         │
                  └────┬───────────────┬────┘
                       ▼               ▼
              ┌──────────────┐  ┌──────────────┐
              │ De forma     │  │ Satisfazendo │
              │ econômica,   │  │ as necessi-  │
              │ eficiente e  │  │ dades e pre- │
              │ efetiva      │  │ ferências dos│
              │              │  │ clientes     │
              └──────────────┘  └──────────────┘
```

Fonte: Novaes, 2007, p. 35.

Para Dias (2015), as atividades logísticas são:
» compras;
» programação de entregas para a fábrica;
» transportes;
» controle de estoque de matérias-primas e de componentes;
» armazenagem de matérias-primas e de componentes;

- » previsão de necessidades de materiais;
- » controle de estoque nos centros de distribuição;
- » processamento de pedidos de clientes;
- » planejamento de pedidos de clientes;
- » planejamento e administração de centros de distribuição;
- » planejamento de atendimento aos clientes.

Portanto, vimos até aqui que a logística, como é concebida atualmente, teve origem a partir da Segunda Guerra Mundial, quando estava ligada a estratégias e operações militares e, durante muitos anos, foi vista como atividade secundária e de menor prestígio em relação a outras atividades e funções das organizações.

Segundo Novaes (2007), a logística é o processo de planejar, implementar e controlar de maneira eficiente o fluxo e a armazenagem de produtos, bem como os serviços e as informações associados, cobrindo desde o ponto de origem até o ponto de consumo, com o objetivo de atender aos requisitos do consumidor.

Ainda conforme Novaes (2007), a logística evoluiu muito e passou a ter papel fundamental no desempenho organizacional ao agregar valor de lugar, de tempo, de qualidade e de informação.

O processo de evolução da logística é dividido em quatro fases: atuação segmentada; integração rígida; integração flexível; integração estratégica (ou gerenciamento da cadeia de suprimento – SCM).

A logística ganhou papel de destaque no mundo empresarial por ser fundamental para tornar as organizações mais competitivas.

》》 Para saber mais

Caso queira obter mais informações sobre os conceitos de *logística* e seu processo de transformação, consulte os seguintes livros:

BALLOU, R. H. **Logística empresarial**: transportes, administração de materiais, distribuição física. São Paulo: Atlas, 2009.

CHRISTOPHER, M. **Logística e gerenciamento da cadeia de suprimentos**: criando redes que agregam valor. 2. ed. São Paulo: Thomson Learning, 2007.

CORONADO, O. **Logística integrada**: modelo de gestão. São Paulo: Atlas, 2007.

DIAS, M. A. **Administração de materiais**: uma abordagem logística. 6. ed. São Paulo: Atlas, 2015.

FRANCISCHINI, P. G.; GURGEL, F. do A. **Administração de materiais e do patrimônio**. São Paulo: Cengage Learning, 2002.

GONÇALVES, P. S. **Administração de materiais**. 2. ed. Rio de Janeiro: Elsevier, 2007.

LEITE, P. R. **Logística reversa**: meio ambiente e competitividade. São Paulo: Pearson Prentice Hall, 2003.

NOVAES, A. G. **Logística e gerenciamento da cadeia de distribuição**. 3. ed. Rio de Janeiro: Campus, 2007.

POZO, H. **Logística e gerenciamento da cadeia de suprimentos**: um enfoque para os cursos superiores de tecnologia. São Paulo: Atlas, 2015.

Após analisarmos as definições referentes à logística, o processo de transformação dessa área organizacional e seus elementos básicos, podemos avançar para o próximo tópico, que trata da importância da logística como fator tático e estratégico nas organizações.

» Logística como fator tático e estratégico na operação para o resultado comercial

Como vimos anteriormente, uma organização consegue ser competitiva ao ser eficientemente capaz de competir com os demais fabricantes ou concorrentes quando do fornecimento de um produto ou serviço aos clientes internos e externos.

»» Fique atento!

"A meta de uma empresa moderna, competitiva, é de aumentar ao máximo o valor agregado de seus produtos, ao mesmo tempo que busca minimizar os custos globais na cadeia de suprimentos" (Novaes, 2007, p. 194).

Uma das maneiras de a organização conseguir ser competitiva em seu ramo de atuação é utilizando de forma eficiente a logística, uma vez que, assim, estará atendendo a seus clientes e reduzindo custos.

Ao deixar o cliente satisfeito sem gastar mais por isso, o empreendimento terá grande possibilidade de fidelizá-lo, ou seja, de estabelecer uma relação de longo prazo com esse consumidor.

> *O conceito de valor econômico agregado (EVA, do inglês* economic value added*) tem sido amplamente utilizado e vinculado à criação de valor para o acionista. [...] Basicamente, o EVA é a diferença entre a receita operacional, descontados os impostos, e o custo do capital empregado para gerar esses lucros.*
> (Christopher, 2007, p. 86-87)

As mudanças e a grande competitividade no mercado e no ambiente externo das organizações impõem alterações na logística e na cadeia de suprimentos. Mas qual é o impacto dessas mudanças?

Uma das mudanças possíveis é a visão de que a logística deve ser pensada como fator estratégico e fundamental para o sucesso da organização.

Essa mudança de filosofia e postura em relação ao papel desempenhado pela logística inclui admitir que o objetivo principal de qualquer sistema logístico é satisfazer os clientes.

Atualmente, reconhece-se o poder do serviço ao cliente como um meio potencial de diferenciação. Dessa forma, há uma crescente importância do serviço ao cliente como uma vantagem competitiva.

A cadeia de suprimentos pode ser fator de competitividade, e a maneira de atuar de forma competitiva é buscar continuamente melhorias na cadeia de suprimentos com vistas a reduzir custos e ampliar a qualidade do produto e o nível de satisfação dos consumidores.

A cadeia de valor é o elemento da cadeia de suprimentos que permite uma análise sistematizada do processo, de modo a suprir os gestores de informações e dados fundamentais para o planejamento e a tomada de decisões.

O conceito de *cadeia de valor* foi desenvolvido por Michael Porter (2005).

»» Biografia

Michael Eugene Porter nasceu em Michigan, em 1947, e é professor na Harvard Business School. Criou uma cadeira optativa sobre estratégia quando ingressou na universidade e, em pouco tempo, a disciplina tornou-se famosa entre os alunos. Além de inúmeros artigos em revistas acadêmicas e científicas, tem vários livros publicados. Suas contribuições para a administração estão diretamente relacionadas com a temática da estratégia, sendo considerado o grande pesquisador contemporâneo desse campo. Seu livro *Estratégia competitiva* tem como base o contexto da economia industrial e da estratégia empresarial.

> **Figura 1.12** – Exemplo de atuação da cadeia de valor

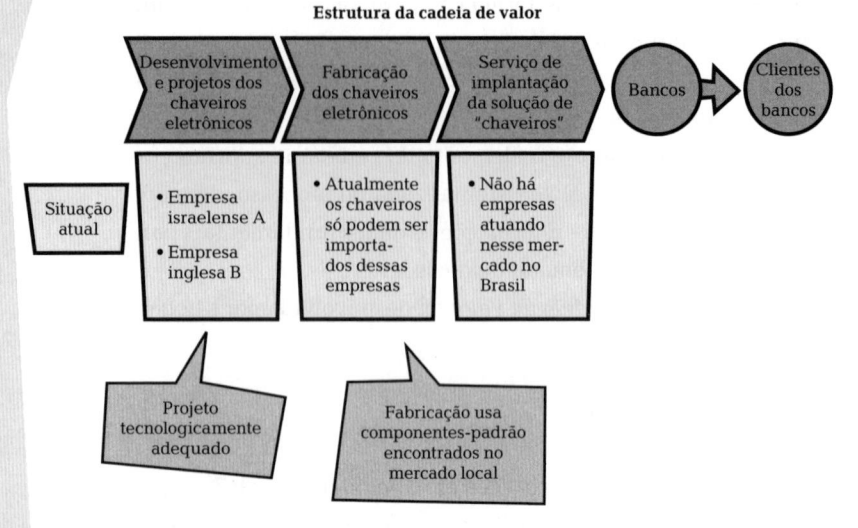

Estrutura da cadeia de valor

Situação atual	Desenvolvimento e projetos dos chaveiros eletrônicos	Fabricação dos chaveiros eletrônicos	Serviço de implantação da solução de "chaveiros"	Bancos →	Clientes dos bancos
	• Empresa israelense A • Empresa inglesa B	• Atualmente os chaveiros só podem ser importados dessas empresas	• Não há empresas atuando nesse mercado no Brasil		

- Projeto tecnologicamente adequado
- Fabricação usa componentes-padrão encontrados no mercado local

Fonte: Adaptado de Rosal, 2011.

A análise competitiva é importante não apenas na formulação das estratégias empresariais, mas também em finanças, *marketing* e análise de mercado. A estratégia competitiva faz um exame do modo como uma empresa pode competir com maior eficácia para fortalecer sua posição no mercado.

>>> Fique atento!

A vantagem competitiva é definida em termos de custo e diferenciação e associada diretamente à rentabilidade.

A estratégia competitiva oferece uma rica base conceitual para a compreensão das forças subjacentes à concorrência nos setores, capturada pelo conceito das **cinco forças competitivas**, que são:

1) entrada;
2) ameaça de substituição;
3) poder de negociação dos compradores;
4) poder de negociação dos fornecedores;
5) rivalidade entre os atuais concorrentes.

Cada empresa que compete em um setor apresenta uma **estratégia competitiva explícita** ou **implícita**. Se for explícita, isso significa que ela foi desenvolvida explicitamente por meio de um processo de planejamento; se for implícita, o processo ocorreu a partir de atividades desenvolvidas pelos setores ao longo do tempo, mas não formalmente.

» **Figura 1.13** – As cinco forças competitivas

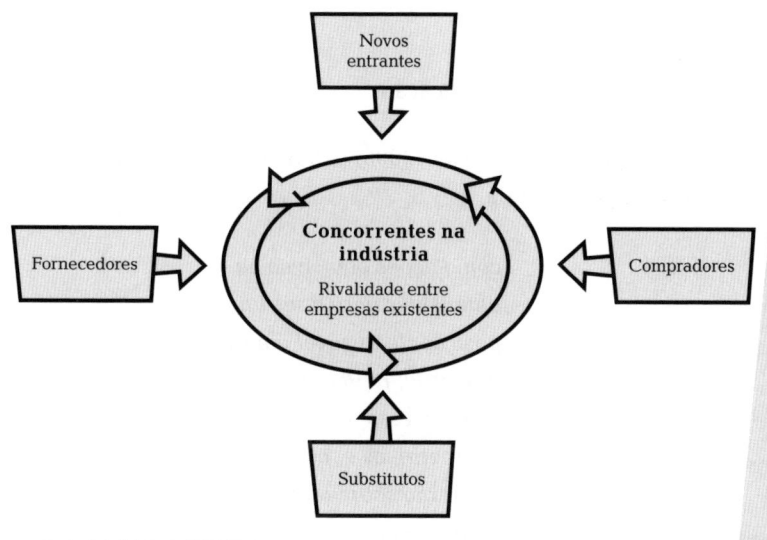

Fonte: Administação UFF, 2015.

Porter (2005) apresenta uma metodologia abrangente de técnicas analíticas com vistas a ajudar uma empresa a analisar sua indústria como um todo e a prever sua futura evolução, compreender a concorrência e sua própria posição e traduzir essa análise em uma estratégia competitiva para um ramo de negócio.

Todas as cinco forças competitivas em conjunto determinam a intensidade da concorrência na indústria, bem como a rentabilidade; as forças mais acentuadas predominam e tornam-se cruciais do ponto de vista da formulação de estratégias.

Uma vez diagnosticadas as forças que afetam a concorrência em uma indústria e suas causas básicas, a empresa está em posição para identificar seus pontos fracos e fortes em relação à indústria.

As abordagens utilizadas na estratégia competitiva são:
» posicionamento;
» equilíbrio;
» mudança;
» estratégia de diversificação.

Nas palavras de Porter (2005, p. 36), a estratégia competitiva pode ser definida

> como ações ofensivas ou defensivas para criar uma posição defensável em uma indústria, para enfrentar com sucesso as cinco forças competitivas e, assim, obter o retorno sobre o investimento maior para a empresa. As empresas descobriram

diversas maneiras de atingir esses objetivos, e a melhor estratégia para uma dada empresa é, em última análise, uma solução única que reflete suas circunstâncias particulares. Entretanto, em sentido mais amplo podemos encontrar três estratégias genéricas internamente consistentes (que podem ser usadas isoladamente ou de forma combinada) para criar essa posição defensável a longo prazo e superar os concorrentes em uma indústria.

Para enfrentar as cinco forças competitivas, existem três abordagens estratégicas genéricas potencialmente bem-sucedidas na busca pela superação das outras empresas em uma indústria:

1) **Liderança no custo total** – Essa estratégia tornou-se bastante comum na década de 1970 em virtude da popularização do conceito de *curva de experiência* e consiste em atingir a liderança no custo total em uma indústria por meio de um conjunto de políticas funcionais direcionadas para a redução do custo total de produção.

2) **Diferenciação** – Significa tornar o produto ou o serviço da empresa diferente dos demais oferecidos em seu mercado consumidor, ou seja, tornar o produto/serviço único. Os métodos para essa diferenciação podem ser projeto ou

imagem da marca, tecnologia, peculiaridades, serviço sob encomenda, redes de fornecedores. O ideal é a utilização de diversos métodos de diferenciação. A diferenciação pode angariar lealdade dos consumidores, menor sensibilidade ao preço, aumento das margens de lucro, além de dificultar a entrada de concorrentes.

3) **Enfoque** – Trata-se de focalizar seus produtos e serviços em determinado grupo de consumidores, em um segmento ou nicho de mercado específico. Essa estratégia se baseia na ideia de que, ao destinar seu produto para determinado nicho de mercado, a empresa consegue ser altamente competitiva e atender a seus clientes de forma eficiente.

É importante agregar valor ao produto ou serviço para torná-lo mais atrativo aos clientes e diferenciá-lo em relação aos concorrentes.

Um exemplo prático dessa demanda foi o lançamento em 2013/2014 de carros denominados *populares* com acessórios até então inexistentes nesses modelos, com itens de série como *air bag* e sistema de freios ABS (uma novidade no mercado brasileiro, que se tornaria obrigatório em todos os veículos novos a partir de 2015). A estratégia da fabricante foi se antecipar aos concorrentes e apresentar o carro ao mercado consumidor.

Com isso, a estratégia das empresas automobilísticas foi lançar carros com acessórios multimídia. Praticamente todas as montadoras fizeram essa escolha, no entanto as primeiras saíram na frente na conquista de seus clientes.

Durante vários meses, clientes tiveram de entrar na fila de espera para receber seu carro, pois a fábrica não conseguiu produzir na quantidade vendida.

É importante destacarmos que a agregação de valor ao produto exige uma segmentação de mercado, pois não é possível atender a todos os consumidores, assim como nem todos os clientes estarão interessados naquele produto. Na visão de Kotler e Armstrong (2007, p. 166),

> *A segmentação de mercado é o ato de dividir um mercado em grupos distintos de compradores que podem merecer produtos ou compostos de marketing. O profissional de marketing deve experimentar diferentes variáveis de modo a descobrir quais podem proporcionar as melhores oportunidades de segmentação. Para um marketing constante, as principais variáveis de segmentação são geográficas, demográficas, psicográficas e comportamentais.*

A vantagem competitiva é obtida pela preferência dos clientes em relação a seus concorrentes. No entendimento de Christopher (2007, p. 44),

> *Uma das maneiras de definir "vantagem competitiva" é simplesmente que as empresas bem-sucedidas geralmente são aquelas que entregam*

mais valor ao cliente que seus concorrentes. Em outras palavras, a relação custo-benefício delas é mais atraente que a de outras empresas que atuam no mesmo segmento de mercado.

A vantagem competitiva das organizações se apresenta de duas formas:
1) de custo;
2) de valor.

A vantagem competitiva de custo significa que a organização obtém sua vantagem em função da redução de custos. Já a vantagem competitiva de valor se dá em razão da diferenciação que a organização oferece a seus clientes.

As organizações bem-sucedidas procuram se estabelecer em posição fundamentada na vantagem de custo e também na vantagem de valor.

Portanto, podemos concluir que a logística e o gerenciamento da cadeia de suprimentos podem ser importantes fontes de vantagem competitiva e, por sua relevância para o sucesso das organizações, desempenham papel tático e estratégico.

Concluída a análise da importância da logística como fator tático e estratégico nas organizações, podemos avançar para o próximo tópico do capítulo, que se refere à análise de produtos e serviços. Atualmente, o poder do serviço ao cliente é reconhecido como um meio potencial de diferenciação. Dessa forma, há uma crescente importância do serviço ao cliente como uma vantagem competitiva. Ao deixar seus clientes satisfeitos sem gastar mais por isso, o empreendimento terá grande possibilidade de fidelizá-los.

> **Para saber mais**
>
> Caso queira obter mais informações sobre estratégia e vantagem competitiva, é interessante pesquisar sobre o tema nos seguintes livros:
>
> CERTO, S. C. et al. **Administração estratégica**: planejamento e implantação de estratégias. 3. ed. São Paulo: Pearson, 2010.
>
> MATIAS-PEREIRA, J. **Curso de administração estratégica**: foco no planejamento estratégico. São Paulo: Atlas, 2011.
>
> PORTER, M. **Estratégia competitiva**. Rio de Janeiro: Campus, 2005.
>
> WANKE, P. **Estratégia logística em empresas brasileiras**: um enfoque em produtos acabados. São Paulo: Atlas, 2010.

Produtos e serviços

Produção significa "transformação de insumos em mercadorias (bens e serviços)". Portanto, a gestão da produção é um conjunto de atividades interligadas que proporcionam a transformação dos insumos em mercadorias que atendam às necessidades e tenham maior utilidade para a sociedade. Portanto, as atividades de produção constituem a base do sistema econômico de uma nação, pois são as responsáveis pela transformação dos recursos em mercadorias.

Antes de adentrarmos nos meandros da gestão da distribuição, precisamos tratar das diferenças entre **produto** e **serviço** e das características que os definem.

O produto é o resultado final do processo de fabricação de uma atividade industrial e caracteriza-se principalmente por ser físico e tangível.

» **Figura 1.14** – Exemplos de produtos

Crédito: Radu Bercan/Shutterstock

Para Shigunov Neto, Dencker e Campos (2006), o produto é qualquer coisa que possa ser oferecida a um mercado para aquisição, utilização ou consumo e que possa satisfazer um desejo ou uma necessidade dos consumidores.

O termo *serviço* significa a "ação ou o efeito de servir", "o trabalho ou ação útil para alguém". Assim, a prestação de um serviço implica uma ação, embora os meios físicos possam estar presentes para facilitar ou justificar o serviço. Conforme Shigunov Neto, Dencker e Campos (2006), o serviço é um ato ou desempenho essencialmente intangível que uma parte pode oferecer a outra e que não resulte na posse de nenhum bem. Sua execução pode ou não estar ligada a um produto físico. Segundo Martins e Laugeni (2005), serviço é um resultado intangível do processo produtivo, que não pode ser estocado ou inspecionado, que não tem tempo médio de vida e que envolve relacionamento entre pessoas.

Entende-se que a atividade industrial consiste na fabricação de um produto tangível e que, para sua obtenção, faz-se necessária a prestação de um serviço, a qual envolve meios físicos.

Quando somos examinados por um médico, a prestação do serviço consiste na ação do exame, do diagnóstico e da prescrição. Quando estudamos em uma universidade, a prestação de serviço consiste em colocar à disposição os melhores professores, os melhores recursos pedagógicos e audiovisuais, as melhores bibliotecas etc. Nos casos citados, não existe um bem físico envolvido, embora esses meios físicos sejam usados na prestação de serviço, visto que o médico utiliza instrumentos para o exame, enquanto a universidade precisa ter quadro-negro, giz, biblioteca, entre outros itens. Os meios físicos são indispensáveis, mas não constituem o serviço em si.

» **Figura 1.15** – Exemplo de serviços: materialidade dos meios (carteiras, computadores, bancada) e imaterialidade do serviço propriamente dito (aula ministrada)

Crédito: wavebreakmedia/Shutterstock

Apesar de apresentarem características distintas, produtos e serviços utilizam as atividades de gestão da produção. Nesse sentido, Moreira (2004) apresenta os seguintes aspectos relevantes que distinguem os produtos dos serviços:

» natureza do que se oferece ao cliente e de seu consumo;
» uniformidade dos insumos necessários;
» possibilidades de mecanização;
» grau de padronização daquilo que é oferecido, independentemente do cliente considerado.

A atividade de serviços demanda um contato maior com o cliente, se comparada à atividade industrial, e sua prestação frequentemente se confunde com seu consumo. Dessa maneira, a prestação do serviço de um médico dá-se no instante em que é consumido, ou seja, no instante em que as informações necessárias são passadas ao paciente.

De acordo com Corrêa e Caon (2002), os serviços podem ser divididos em: serviços de massa; serviços profissionais; serviços de massa customizados; serviços profissionais de massa; lojas de serviços.

» **Serviços de massa** – Podem ser definidos como os serviços que atendem a uma grande parcela de clientes, de forma padronizada, visando a ganhos de escala. Entre os inúmeros exemplos, podemos citar o serviço de metrô, cujos roteiros são fixos, isto é, não podem ser alteradas ou otimizadas (Corrêa; Caon, 2002).

» **Serviços profissionais** – São aqueles prestados de forma totalmente customizada, conforme a necessidade e o desejo de cada cliente. Por isso, os prestadores desse tipo de serviço atendem a determinado número de clientes por dia. Podemos citar como exemplos os serviços de medicina, cirurgias especializadas, salões de beleza e serviços jurídicos especiais.

» **Serviços de massa customizados** – São aqueles em que a tecnologia é utilizada para criar no cliente uma sensação de serviço customizado. Um exemplo desse tipo de serviço são as livrarias virtuais. A partir do momento que o cliente retorna ao *site* para efetuar uma segunda compra, o sistema da empresa, com base em seu endereço eletrônico (*e-mail*), já o saúda de forma personalizada.

» **Serviços profissionais de massa** – São idênticos aos serviços de massa customizados, mas procuram aumentar seus ganhos de escala a fim de atender a um número maior de clientes por dia em suas unidades de operação.

Um exemplo são algumas operadoras de planos de saúde, que oferecem planos de saúde e prestam atendimento em unidades de saúde e hospitais.

» **Lojas de serviços** – São operações que tratam um volume intermediário de clientes por dia em suas unidades de operações típicas. Podemos citar como exemplos hipermercados e lojas de departamento.

》》》 Para saber mais

Caso queira obter mais informações sobre produtos e serviços, procure ler livros de administração de *marketing* e gestão de serviços. Vale a pena consultar as seguintes obras:

COBRA, M. **Administração de marketing no Brasil**. 3. ed. Rio de Janeiro: Elsevier, 2009.

CORREA, H. L.; CAON, M. **Gestão de serviços**: lucratividade por meio de operações e de satisfação dos clientes. São Paulo: Atlas, 2002.

FITZSIMMONS, J. A.; FITZSIMMONS, M. J. **Administração de serviços**. 4. ed. Porto Alegre: Bookman, 2005.

GIANESI, I. G. N.; CORRÊA, H. L. **Administração estratégica de serviços**: operações para a satisfação do cliente. São Paulo: Atlas, 1994.

KOTLER, P.; KELLER, K. L. **Administração de marketing**. 12. ed. São Paulo: Pearson Prentice Hall, 2006.

LAS CASAS, A. L. **Administração de marketing**: conceitos, planejamento e aplicações à realidade brasileira. São Paulo: Atlas, 2006.

NOGUEIRA, J. F. **Gestão estratégica de serviços**: teoria e prática. São Paulo: Atlas, 2008.

OLIVEIRA, B. et al. **Gestão de produtos, serviços, marcas e mercados**: estratégias e ações para alcançar e manter-se "Top of Market". São Paulo: Atlas, 2009.

» Formas e características do comércio

Antes de iniciarmos a análise das formas e características do comércio, acreditamos que seja importante explicar como nasceu o que atualmente denominamos *comércio*.

As origens do comércio moderno remontam ao período denominado *Revolução Comercial*, que ocorreu a partir do ano de 1400,

quando surgiram novidades em relação ao que estava presente naquele momento histórico:
» ascensão do capitalismo;
» introdução de moedas monetárias;
» desenvolvimento do sistema bancário;
» expansão dos instrumentos de crédito;
» declínio das corporações e aparecimento de novas indústrias.

Nas palavras de Shigunov Neto, Dencker e Campos (2006, p. 30-31),

> O modo de produção capitalista ou como comumente é denominado "capitalismo" é um sistema econômico, social e político que apresenta como característica principal a compra e a venda da força de trabalho dos trabalhadores. O modo de produção capitalista teve seu impulso com a criação da fábrica e com a Revolução Industrial e suas principais peculiaridades são: o princípio da propriedade privada dos bens e dos meios de produção e consumo; a existência de duas classes sociais, o detentor do capital, que compra a força de trabalho do trabalhador, que vende sua força de trabalho em troca de

um salário; a produção de mercadorias (bens e serviços) com o intuito de obter lucro; a liberdade de iniciativa; o mercado baseado na concorrência; as trocas monetárias; a máxima rentabilidade na produção de bens econômicos. O modo de produção capitalista está fundamentado no predomínio do capital e nas relações sociais de produção-compra e venda da força de trabalho. Portanto, podemos concluir que o elemento fundamental do modo de produção capitalista é a mercadoria e seu principal objetivo é a acumulação do de capital, também conhecido como lucro.

A Revolução Comercial foi muito importante e alterou profundamente a forma de viver das sociedades, pois, nesse período, o comércio se expandiu e se tornou um fenômeno mundial, antes restrito a determinadas áreas. Cresceu o volume do comércio e a variedade de artigos de consumo.

Portanto, esse evento histórico foi importante por proporcionar o desenvolvimento do comércio moderno e possibilitar o surgimento posterior da Revolução Industrial.

O comércio pode ser definido como a aquisição de bens e serviços pelos consumidores, os quais pagam determinada quantia em dinheiro para obtê-los.

Entretanto, mesmo com a evolução do comércio, seus elementos básicos continuam os mesmos:

» vendedor;
» produtor;
» comprador/consumidor;
» processo de transação;
» dinheiro.

Como podemos vincular esses elementos básicos do comércio à logística?

Os mesmos elementos que estão presentes no comércio também estão presentes na logística. Quando nos referimos ao processo de transformação do comércio, falamos em armazéns, varejo, comércio eletrônico e, por consequência, distribuição física e transporte.

Para Novaes (2007), o processo de transformação do comércio pode ser dividido em:

» armazéns gerais;
» comercialização por catálogos;
» especialização do varejo;
» supermercados;
» *shopping centers*;
» lojas de desconto;
» comércio eletrônico.

Você deve ter percebido que o foco básico do comércio está centrado na figura do **consumidor final**. Sem ele, os demais elementos e etapas do processo de comércio se tornam obsoletos, pois não haverá comprador para o produto.

O consumidor final, portanto, é o centro do processo de comércio e, por isso, é fundamental que seu comportamento seja compreendido. Dessa forma, cabem ao *marketing* o estudo e a compreensão do comportamento do consumidor. "Definimos *marketing* como o processo social e gerencial através do qual indivíduos e grupos obtêm aquilo de que necessitam e desejam por meio da criação e troca de produtos e valores" (Kotler; Armstrong, 2007, p. 166).

>>> Fique atento!

No senso comum, podemos dizer que *marketing* e administração de *marketing* apresentam o mesmo significado. No entanto, se pensarmos como profissionais da área de administração, precisamos ter muita atenção, pois as denominações têm significados diferentes. "Definimos administração de marketing como a análise, planejamento, implementação e controle de programas destinados a criar, desenvolver e manter trocas com o mercado-alvo, com o propósito de atingir os objetivos da organização" (Kotler; Armstrong, 2007, p. 166).

A definição de *administração de marketing* mostra claramente a diferença entre esse conceito e o de *marketing*. A administração de *marketing* é o processo de gerenciamento das atividades de *marketing*.

» **Figura 1.16** – Processo de *marketing*

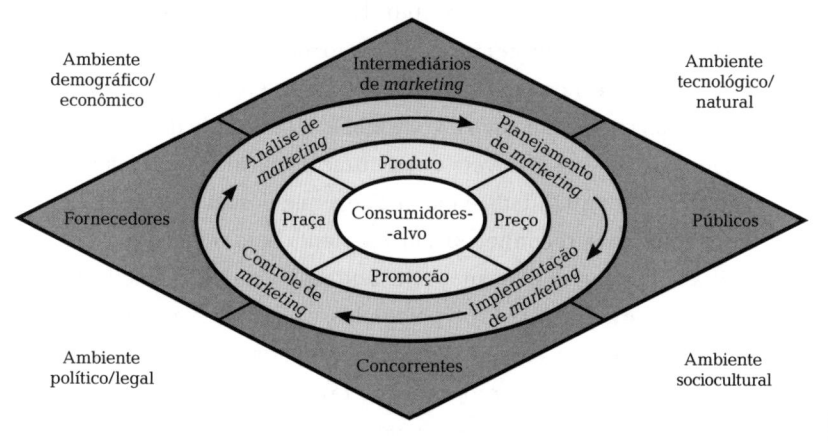

Diagrama com Consumidores-alvo no centro, cercado por Produto, Preço, Promoção e Praça; em torno: Análise de marketing, Planejamento de marketing, Implementação de marketing, Controle de marketing; nas extremidades: Intermediários de marketing, Públicos, Concorrentes, Fornecedores; ambientes externos: demográfico/econômico, tecnológico/natural, sociocultural, político/legal.

Fonte: HR Mercantil, 2008.

A administração de *marketing* é a área da administração que se dedica ao estudo das necessidades e dos desejos dos consumidores de modo que a organização tenha condições de atender de forma eficiente a tais desejos e necessidades. Cabe ao *marketing* compreender o comportamento dos consumidores para poder fornecer informações aos administradores na tomada de decisões.

A figura a seguir apresenta de forma clara os cinco estágios do processo de decisão de compra dos consumidores.

» **Figura 1.17** – Estágio do processo de decisão de compra

Reconhecimento do problema → Busca de informações → Avaliação de alternativas → Decisão de compra → Comportamento pós-compra

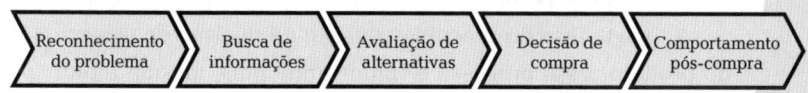

Fonte: Kotler; Armstrong, 2007, p. 101.

O primeiro estágio do processo, denominado *reconhecimento do problema*, ocorre quando o consumidor detecta a necessidade de comprar algo, a qual pode ter sido criada por estímulos internos ou estímulos externos. Por exemplo: sua televisão já não é tão nova e você tem a necessidade de assistir a jogos de futebol, à novela ou ao filme preferido numa televisão de melhor qualidade e maior que a que possui atualmente. Pois bem, você reconheceu um problema, sua televisão está velha e é pequena para suas necessidades. Sua necessidade é ter uma televisão LED de 50 polegadas, e o estímulo foi interno e externo, porque surgiu logo após a propaganda de uma promoção divulgada num programa de televisão.

No segundo estágio, após detectar a necessidade de comprar um produto, o consumidor pode ou não buscar informações. Se a necessidade e o desejo forem muito grandes, provavelmente ele comprará o produto; caso contrário, irá buscar mais informações. Voltando ao nosso exemplo, você está disposto a comprar sua nova televisão LED de 50 polegadas, mas ainda está com dúvidas quanto à marca a ser comprada e à loja em que comprará, pois já verificou que há preços muito diferentes em várias lojas.

Na terceira fase, de posse das informações obtidas anteriormente sobre o produto, o consumidor avalia as alternativas e escolhe o produto que melhor atenda a suas necessidades. No caso do exemplo citado, agora que já passou o sábado inteiro percorrendo várias lojas e pesquisando o preço e a marca das TVs, você voltou para casa para analisar as informações obtidas.

A quarta fase do processo consiste na decisão de compra do produto. Esse processo é importante, pois, mesmo tendo escolhido o produto desejado, essa escolha pode ser alterada principalmente por dois fatores: a atitude dos outros e fatores imprevistos. Ainda considerando o mesmo exemplo, você analisou as marcas e os modelos disponíveis no mercado com os itens que cada um oferece e os respectivos preços. Conseguiu encontrar um modelo que atende a suas necessidades e também já definiu a loja onde irá comprá-lo. Pronto! Sua decisão está tomada e você agora deverá voltar à loja. No entanto, ao conversar com amigos sobre o estabelecimento que você tinha em mente, foi aconselhado a não efetuar a compra, pois o referido ponto de venda apresenta problemas de entrega (por exemplo, promete entregar produtos em determinado dia, mas a entrega só ocorre 15 dias após o prazo estipulado). Você decide, então, comprar em outra loja.

Por fim, após a compra do produto desejado, chega-se ao último estágio do processo, em que o consumidor se mostrará satisfeito ou insatisfeito com o produto adquirido. Trata-se do período de comportamento pós-compra. No exemplo mencionado, temos que sua televisão LED de 50 polegadas chegou 3 dias antes do prazo estipulado pela empresa, porém o produto veio com problema. Você ligou na loja para reclamar, e o aparelho foi trocado imediatamente. Portanto, apesar de ter vindo com defeito, a entrega foi ágil e o produto foi substituído rapidamente, o que deixou você plenamente satisfeito com sua compra. Como ficou satisfeito com a marca de sua televisão e também com a loja onde adquiriu a TV, você irá indicá-las para seus amigos.

A análise do comportamento do consumidor é fundamental para que as organizações compreendam os fatores que influenciam o processo de compra do consumidor final.

Como saber como os consumidores vão reagir no processo de compra de determinado produto? Quais fatores exercem influência sobre esse comportamento?

Kotler e Armstrong (2007) apresentam um modelo de estímulo-resposta do comportamento do consumidor no qual analisam os principais fatores que influenciam o comportamento no processo de compra.

» **Figura 1.18** – Fatores que influenciam o comportamento do consumidor

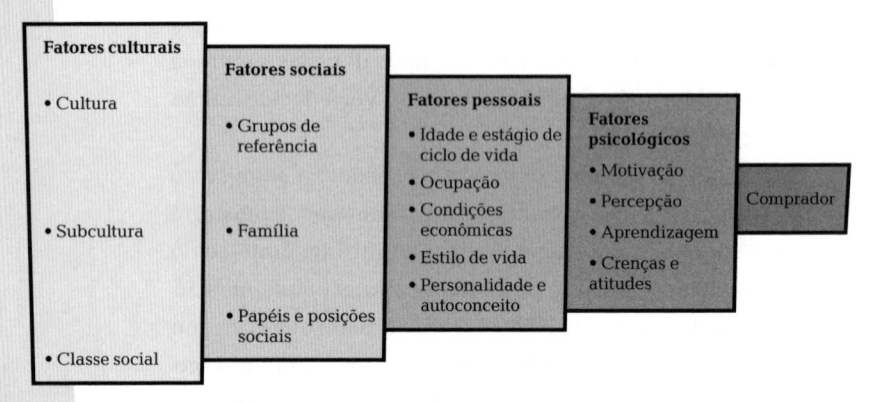

Fatores culturais	Fatores sociais	Fatores pessoais	Fatores psicológicos	
• Cultura	• Grupos de referência	• Idade e estágio de ciclo de vida	• Motivação	
		• Ocupação	• Percepção	Comprador
• Subcultura	• Família	• Condições econômicas	• Aprendizagem	
		• Estilo de vida	• Crenças e atitudes	
	• Papéis e posições sociais	• Personalidade e autoconceito		
• Classe social				

Fonte: Kotler; Armstrong, 2007, p. 81.

O modelo apresentado por Kotler e Armstrong apresenta quatro fatores que podem influenciar o comportamento do consumidor:
» culturais;
» sociais;
» pessoais;
» psicológicos.

Os **fatores culturais** são aqui definidos como cultura, subcultura e classe social. Por exemplo: uma mulher que nasceu de família de classe média e se tornou médica na fase adulta tem padrões de consumo diferentes de uma mulher que nasceu de família de agricultores do interior de Goiás. Nesse caso, os produtos de beleza a serem adquiridos por elas muito provavelmente serão bastante diferentes.

Os **fatores sociais**, definidos como os grupos de referência (grupos sociais a que pertencemos, no trabalho, na escola, na igreja que frequentamos e no clube), a família, os papéis e as posições sociais, também exercem influência no processo de decisão de compra. Por exemplo: o marido, ao comprar um automóvel para a família, certamente tomará a decisão de compra em conjunto com sua esposa, definindo o modelo, a marca, a cor e o valor do carro.

Os **fatores pessoais** incluem idade, cargo profissional, condições econômicas, estilo de vida e personalidade. Como exemplo, vamos supor que um jovem de 20 anos que ainda está fazendo universidade e mora com os pais apostou na loteria e ganhou o valor correspondente a R$ 200 mil. Com esse valor, poderia escolher entre um apartamento de dois quartos e alugar ou comprar um belo carro novo e potente. Sua escolha obviamente foi a compra de um carro potente. Provavelmente, se fosse uma pessoa com mais idade, casada e com dois filhos, morando de aluguel, sua escolha seria diferente.

Entre os **fatores psicológicos** estão a motivação, a percepção, a aprendizagem, as crenças e as atitudes. Vamos retomar o exemplo anterior do jovem de 20 anos que ainda está estudando e mora com os pais. Suas motivações estão ligadas ao desejo de um carro diferenciado e que cause presença. Sua percepção de mundo está ligada obviamente ao que gosta e deseja, por isso vai agir em função de como percebe o mundo a sua volta.

》》 Para saber mais

Caso queira obter mais informações sobre o comportamento do consumidor, os seguintes livros são recomendados:

GIGLIO, E. M. **O comportamento do consumidor**. 3. ed. São Paulo: Thomson Learning, 2005.

KARSAKLIAN, E. **O comportamento do consumidor**. 2. ed. São Paulo: Atlas, 2004.

MOWEN, J. C.; MINOR, M. S. **Comportamento do consumidor**. São Paulo: Pearson Prentice Hall, 2003.

SOLOMON, M. R. **O comportamento do consumidor**. 7. ed. Porto Alegre: Bookman, 2008.

Finalizada a análise das formas e características do comércio e do comportamento do consumidor, podemos avançar para o último tópico do capítulo, em que abordamos o comércio eletrônico.

》 Comércio eletrônico

Vimos anteriormente que o comércio é a troca de bens e serviços por determinada quantia de dinheiro e que os elementos básicos são o vendedor, o produtor, o processo de transformação, o consumidor e o dinheiro.

Também vimos que o comércio teve uma evolução ao longo do tempo e que a atual fase em que nos encontramos é a do comércio eletrônico.

>>> **Perguntas & respostas**

Como podemos definir *comércio eletrônico*?
É o comércio de bens e serviços realizado via internet.

Já sabemos que o comércio eletrônico é uma evolução comercial e que essa tendência que tem crescido muito nos últimos tempos no mundo inteiro. No Brasil, o comércio eletrônico deverá manter um forte ritmo de expansão nos próximos anos, pois ainda há uma grande fatia do mercado a ser expandida nesse meio.

» **Figura 1.19** – Avanço do comércio eletrônico

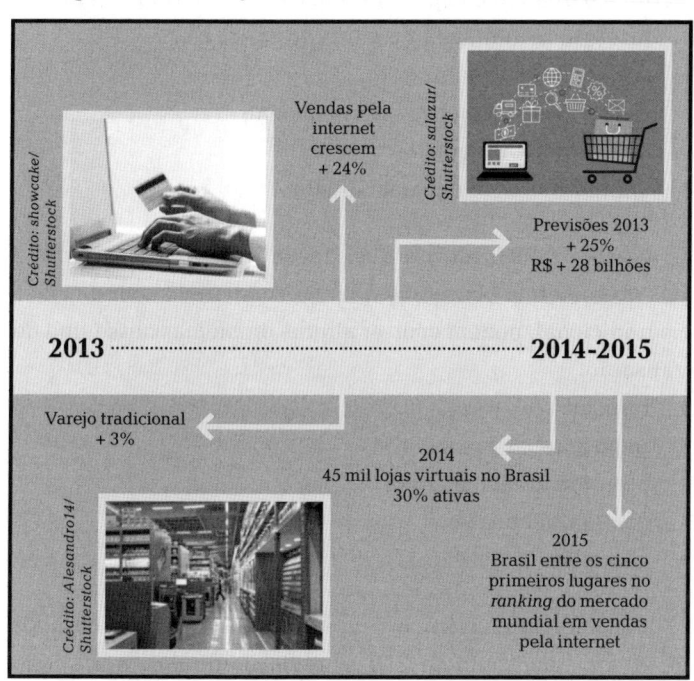

Vendas pela internet crescem + 24%

Previsões 2013
+ 25%
R$ + 28 bilhões

2013 ·· 2014-2015

Varejo tradicional
+ 3%

2014
45 mil lojas virtuais no Brasil
30% ativas

2015
Brasil entre os cinco primeiros lugares no *ranking* do mercado mundial em vendas pela internet

Crédito: showcake/Shutterstock
Crédito: salazur/Shutterstock
Crédito: Alesandro14/Shutterstock

Fonte: Adaptado de Cavalcante, 2014.

O comércio eletrônico pode contribuir para a estratégia de negócios das organizações, porém é preciso cuidado, pois, da mesma forma que pode ser uma vantagem competitiva para a organização, também pode trazer problemas se não for bem utilizado.

As principais características que distinguem o comércio eletrônico do comércio tradicional são:

» comunicação;
» dados;
» segurança.

Para Novaes (2007), as principais vantagens do comércio eletrônico quando comparado com o comércio tradicional são:

» inserção instantânea no mercado;
» relações mais ágeis;
» redução da assimetria informacional;
» redução da burocracia;
» análise mercadológica facilitada.

Novaes (2007) afirma que, apesar das vantagens inegáveis do comércio eletrônico quando comparado com o comércio tradicional, podem ocorrer alguns problemas nesse tipo de transação:

» fraudes;
» impostos;
» propriedade intelectual;
» confiabilidade;
» confiança.

O comércio eletrônico vem sendo desenvolvido há mais de 20 anos por meio de EDI, abreviação de *Electronic Data Interchange*, que é a transferência eletrônica e automática de dados entre os computadores das organizações participantes da transação eletrônica.

> *CE, ou e-commerce, é a realização de toda cadeia de valor dos processos de negócios em um ambiente eletrônico, por meio da aplicação intensa de tecnologias de comunicação e de informação, atendendo os objetivos de negócios. Também é definido como qualquer negócio transacionado eletronicamente, ou insumos transacionados por meio eletrônico. É a compra e venda de informações, produtos e serviços por meio de redes eletrônica.* (Gomes; Ribeiro, 2004, p. 159)

O comércio eletrônico engloba a cadeia de valor dos processos de negócios em um ambiente eletrônico, abrangendo as pessoas ou empresas envolvidas, as transações comerciais de compra e venda de produtos e serviços, as pré-vendas e as pós-vendas.

Atualmente, existem inúmeras modalidades de comércio eletrônico, entre as quais as mais comuns são:

» **Comércio eletrônico B2C** (*business to consumer*) – É o tipo de comércio eletrônico que ocorre diretamente entre a empresa e o consumidor final, sem intermediários. São os varejos virtuais representados por *websites* denominados *lojas virtuais*.

» **Comércio eletrônico B2B** (*business to business*) – É o comércio eletrônico que ocorre entre duas empresas, também denominado *atacado virtual*.

» **Comércio eletrônico B2G** (*business to government*) – Ocorre com órgãos governamentais, como prefeituras, universidades públicas e governos estaduais.

» **Comércio eletrônico C2C** (*consumer to consumer*) – Ocorre entre consumidores finais. Como exemplos, podemos citar *sites* de compras coletivas e de classificados.

Nosso foco não é a análise aprofundada do comércio eletrônico. Basta apenas que você, profissional da área de logística, compreenda que existe uma relação estreita entre o comércio eletrônico, a logística e a distribuição física.

O papel da logística e da distribuição física no comércio tornou-se fundamental para o sucesso e a competitividade das organizações, pois uma das características dessa modalidade de transação comercial é a agilidade dos processos e também da entrega do produto.

O planejamento logístico é ponto fundamental para o sucesso do comércio eletrônico, porque a facilidade e a comodidade de compra de produtos via internet impõem às empresas a necessidade de dispor de um eficiente processo logístico e de distribuição física. Uma empresa que tenha uma loja virtual de fácil acesso para vender produtos dificilmente alcançará o sucesso se não entregar no prazo determinado.

Com essa análise do comércio eletrônico, finalizamos este primeiro capítulo. Na sequência, no Capítulo 2, abordaremos a cadeia de suprimento e distribuição.

>>> **Para saber mais**

Caso queira obter mais informações sobre comércio eletrônico, vale a pena consultar os seguintes livros:

ALBERTIN, A. L. **Comércio eletrônico**: modelo, aspectos e contribuições de aplicação. 6. ed. São Paulo: Atlas, 2010.

COSTA, G. C. G. da. **Negócios eletrônicos**: uma abordagem estratégica e gerencial. Curitiba: Intersaberes, 2012.

» Síntese

Neste primeiro capítulo, apresentamos os fundamentos da logística e a importância dessa área para a competitividade das empresas.

Também analisamos a logística como fator estratégico nas atividades das organizações e no alcance de seus objetivos.

Por fim, tratamos dos conceitos de *produtos* e *serviços*, *comércio* e *comércio eletrônico* e sua relação com a logística e a distribuição física de produtos.

» Questões para revisão

1) Considere as seguintes condições do ambiente organizacional:
    I. Condições ambientais
    II. Condições educacionais
    III. Condições financeiras
    IV. Condições tecnológicas
    V. Condições sociais

Para Chiavenato (2004), as organizações são sistemas abertos que interagem de forma dinâmica e complexa com seus ambientes. De acordo com o autor, o ambiente organizacional pode ser dividido em dois grandes ambientes: o ambiente geral ou macroambiente e o ambiente específico. Quais das condições listadas referem-se ao macroambiente?

a. Apenas I, II, IV e V.
b. Apenas I, IV e V.
c. Apenas I, III, IV e V.
d. Apenas I, II e III.
e. Apenas II, III, IV e V.

2) Conforme Novaes (2007), o processo de evolução da logística é dividido em quatro fases. Quais são essas fases?

a. Atuação segmentada, integração rígida, integração flexível, gestão estratégica.
b. Integração rígida, integração flexível, integração estratégica, gerenciamento da cadeia de suprimento.
c. Atuação segmentada, integração rígida, integração flexível e integração estratégica.
d. Integração rígida, integração flexível, integração estratégica, *Supply Chain Management* (SCM).
e. Atuação segmentada, integração flexível, integração estratégica e *Supply Chain Management* (SCM).

3) Considere as seguintes atividades:

I. Compras
II. Vendas
III. Transportes
IV. Planejamento de produção
V. Planejamento de pedidos de clientes

Como explica Dias (2015), existem diversas atividades/funções que compõem o rol de atividades consideradas específicas da logística. Quais das alternativas apresentadas **não** são atividades logísticas?

a. Apenas II e IV.
b. Apenas I, II, IV e V.
c. Apenas I, IV e V
d. Apenas I, III e V
e. Apenas I, II e IV.

4) Atualmente, a logística é fator competitivo e fundamental na estratégia de qualquer organização, mas isso nem sempre foi assim. Apresente uma análise da importância atual da logística e dos motivos pelos quais ela passou de atividade menos importante para atividade estratégica das empresas.

5) As empresas oferecem produtos ou serviços aos clientes. Fazer a distinção entre essas duas categorias nem sempre é fácil. Diferencie **produto** de **serviço** e apresente exemplos.

» Consultando a legislação

Consolidação das Leis do Trabalho

BRASIL. Decreto-Lei n. 5.452, de 1º de maio de 1943. **Diário Oficial da União**, Poder Executivo, Brasília, DF, 9 ago. 1943. Disponível em: <http://www.planalto.gov.br/ccivil_03/decreto-lei/Del5452.htm>. Acesso em: 19 fev. 2016.

Código de Defesa do Consumidor

BRASIL. Lei n. 8.078, de 11 de setembro de 1990. **Diário Oficial da União**, Poder Legislativo, Brasília, DF, 12 set. 1990. Disponível em: <http://www.planalto.gov.br/ccivil_03/leis/l8078.htm>. Acesso em: 19 fev. 2016.

Código Tributário Nacional

BRASIL. Lei n. 5.172, de 25 de outubro de 1996. **Diário Oficial da União**, Poder Legislativo, Brasília, DF, 27 out. 1966. Disponível em: <http://www.planalto.gov.br/ccivil_03/Leis/L5172.htm>. Acesso em: 19 fev. 2016.

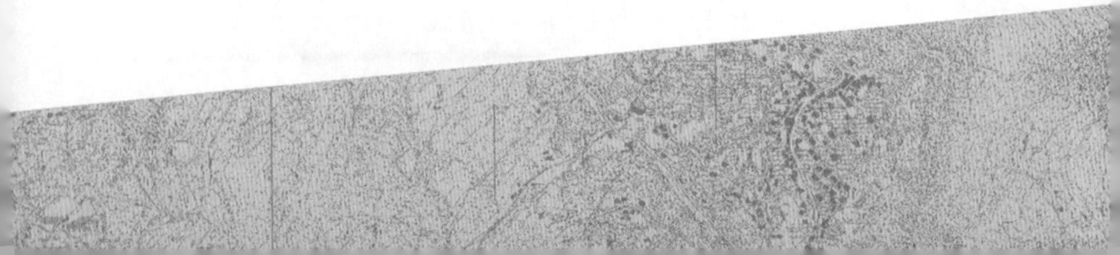

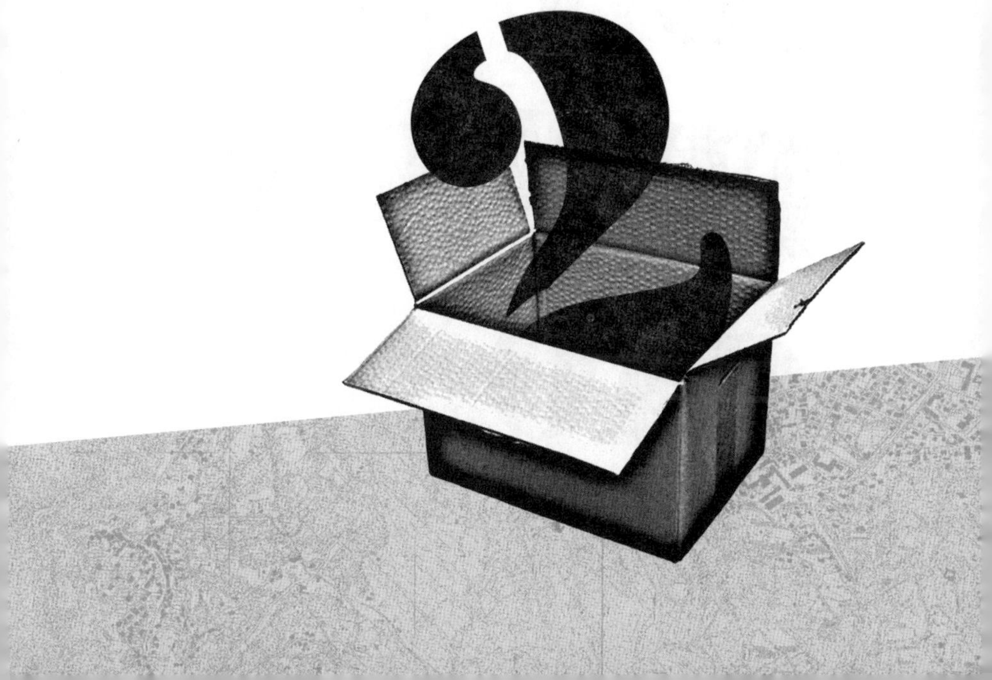

CADEIA DE SUPRIMENTO E DISTRIBUIÇÃO

》》 Conteúdos do capítulo:

» Definição de *cadeia de suprimento e distribuição*.
» Gerenciamento da cadeia de suprimento e distribuição.
» Formação de redes de suprimentos.

》》 Após o estudo deste capítulo, você será capaz de:

1. compreender o conceito de *cadeia de suprimento e distribuição*;
2. compreender o conceito e a importância do gerenciamento da cadeia de suprimento e distribuição;
3. reconhecer os canais de suprimento e distribuição;
4. compreender a importância da formação de redes de suprimentos.

Neste capítulo, trataremos do conceito de *cadeia de suprimentos*, do gerenciamento da cadeia de distribuição e dos canais de distribuição como instrumentos e ferramentas fundamentais para a competitividade das empresas.

A distribuição física começou a ser estudada a partir do final da década de 1970, mas foi na década de 1990 que passou a ter mais relevância. Entre os pesquisadores que discutem o tema, destacam-se: Christopher (2007), Coronado (2007), Gonçalves (2007), Novaes (2007), Russo (2013), Gomes e Ribeiro (2004), Arnold (2014), Correa (2014), Bowersox et al. (2014), Dias (2015), e Pozo (2015).

O objetivo deste capítulo é apresentar os conceitos básicos referentes à cadeia de suprimento e distribuição e sua importância para o sucesso das organizações.

» O que é cadeia de suprimento e distribuição?

No capítulo anterior, examinamos o conceito de *logística* e sua importância para tornar as organizações competitivas. Neste capítulo, trataremos especificamente da análise da cadeia de suprimento e distribuição como ferramenta para auxiliar os gestores na tomada de decisões.

Antes, contudo, é preciso entender o que significa *suprimento*, *distribuição* e *distribuição física*. Vamos iniciar, então, pela compreensão do conceito de *suprimento*.

Basicamente, o suprimento é o processo de disponibilizar matérias-primas e componentes necessários à fabricação de determinado produto, para que estejam disponíveis no momento necessário sem perdas e esperas.

» **Figura 2.1** – Distribuição física

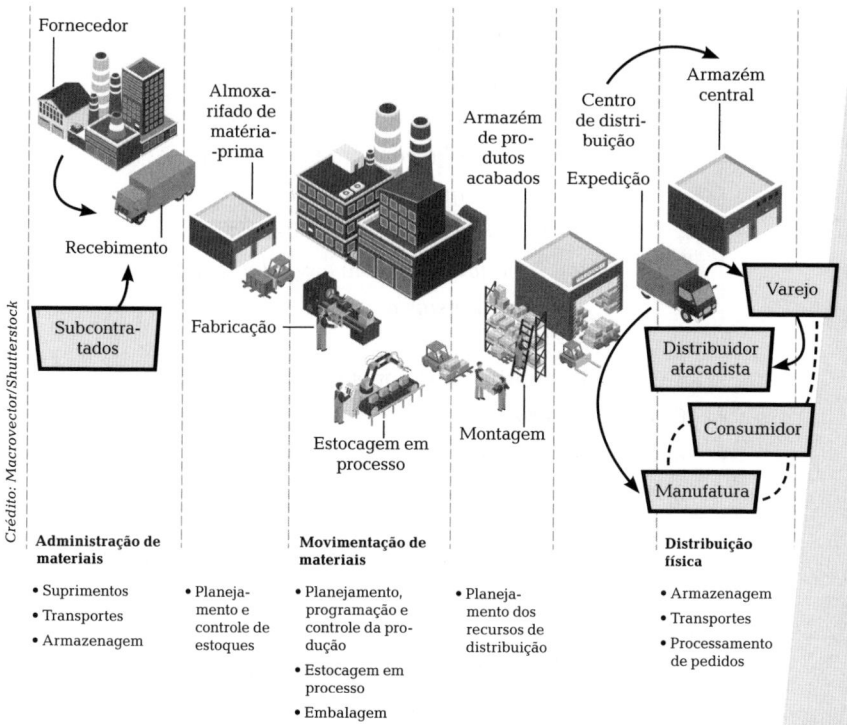

Fonte: Adaptado de João, 2011.

Basicamente, os elementos da cadeia de suprimentos são: fornecedores de matérias-primas e componentes; fabricantes; varejistas; atacadistas; fabricantes; clientes; estoque. Gonçalves (2007, p. 272) detalha esse ciclo:

> *Uma cadeia de suprimentos consiste em fornecedores, centros de produção de bens, almoxarifados, centros*

> *de distribuição e comércio varejista, na qual temos um fluxo de materiais que começa com a matéria-prima, passa por produtos em processos e acaba com produtos acabados que fluem ao longo dos diversos pontos da cadeia e, finalmente, são enviados aos varejistas ou clientes.*

A cadeia de suprimentos apresenta três fluxos:
» fluxo de materiais;
» fluxo de informações;
» fluxo financeiro.

Visto como funciona a cadeia de suprimentos, podemos avançar para o entendimento do que significa *distribuição* e *distribuição física*.

A distribuição é o processo de alocar e transportar produtos para vários locais; também pode ser classificada como a parte da cadeia de abastecimento responsável pela movimentação de produtos entre clientes e fornecedores.

A distribuição física pode ser definida como os processos operacionais e de controle que permitem transferir os produtos desde o ponto de fabricação até o ponto em que a mercadoria é finalmente entregue ao consumidor final (Novaes, 2007).

» **Quadro 2.1** – Definições de *distribuição física*

Autor(es)	Definição de *distribuição física*
Gomes e Ribeiro (2004, p. 137)	O ramo da logística denominado *distribuição física* trata da movimentação, da estocagem e do processamento dos pedidos dos produtos finais. A ele compete o desafio do prazo logístico.
Novaes (2007, p. 109)	Os especialistas em logística denominam *distribuição física de produtos*, ou resumidamente *distribuição física*, os processos operacionais e de controle que permitem transferir os produtos desde o ponto de fabricação até o ponto em que a mercadoria é finalmente entregue ao consumidor.
Russo (2013, p. 196)	A distribuição é a parte da logística responsável pela administração dos materiais desde a saída do produto da linha de produção até a entrega do produto no destino final.
Arnold (2014, p. 358)	"A distribuição física é responsável por entregar aos clientes o que eles desejam a um custo mínimo. O objetivo da administração da distribuição é criar e operar um sistema de distribuição que atinja o nível exigido de atendimento aos clientes, possivelmente, aos menores custos. Para atingir tal objetivo, todas as atividades envolvidas no transporte e no armazenamento de produtos devem ser organizadas em um sistema integrado."
Dias (2015, p. 501)	"A distribuição física ocupa-se principalmente das necessidades do cliente, assegurando que o produto certo esteja no lugar certo, no tempo certo. Garante que serão recebidas as quantidades exatas dos produtos corretos e também que o atendimento do pedido será de modo que satisfaça tanto quanto possível as necessidades dos clientes."

Para Dias (2015), a distribuição física pode ser entendida como a utilização de canais de distribuição e da estrutura organizacional existente com o objetivo de maximizar a lucratividade da organização por meio de um equilíbrio entre o que deseja o cliente e os custos desse processo. "O objetivo geral da distribuição física, como metal ideal, é o de levar os produtos certos, para os lugares certos, no momento certo e com o nível de serviço desejado, pelo menor custo possível" (Novaes, 2007, p. 145).

De acordo com Dias (2015), os métodos de distribuição são:

» pelo sistema de vendas próprio;
» pelo sistema de vendas de terceiros;
» por intermédio de agentes e representantes comissionados;
» por meio de distribuidores especializados.

Ainda segundo Dias (2015), a problemática da distribuição pode ser resumida em quatro perguntas básicas:

1) Quanto distribuir?
2) Onde distribuir?
3) Quando distribuir?
4) A quem distribuir?

O modo específico como os materiais são transportados depende de vários fatores, como os canais de distribuição que a empresa utiliza, os tipos de mercados atendidos, as características do produto e o tipo de transporte disponível para levar o material. O ponto final da distribuição física é a loja de varejo ou diretamente a casa do consumidor.

Um sistema de distribuição física é um conjunto de componentes ou atividades relacionadas à distribuição física que interagem entre si.

Em um sistema de distribuição, seis atividades inter-relacionadas afetam o atendimento aos clientes e os custos acarretados por esses atendimentos: transporte, estoque de distribuição, depósitos (centros de distribuição), manuseio de materiais, embalagem de proteção e processamento de pedidos e comunicação.

A sequência de atividades para a análise dos objetivos da distribuição é:

» definir os objetivos da distribuição;
» determinar os meios alternativos (sistemas) para atingir os objetivos;
» identificar as áreas funcionais importantes;
» determinar as contribuições necessárias, em termos de custo, de cada área como *input* para cada objetivo/sistema;
» examinar as implicações do custo total em cada alternativa.

Antigamente, as empresas viam a distribuição física apenas como fator de despesas, no entanto, atualmente, essa atividade é considerada um fator que pode contribuir para o lucro da empresa de duas formas: pela redução de custos e pela satisfação do cliente e consequente conquista de novos clientes.

Para Dias (2015), uma análise de custos e receitas de um sistema de distribuição depende do tipo de sistema adotado e deve ser feita em fases, as quais podem ser:

» **Análise por canais de distribuição** – Uma empresa pode operar com vários tipos de canais de distribuição. Quaisquer que sejam eles, é sempre válido observar a estrutura de custo de cada um e quanto eles representam em termos de rentabilidade. O principal objetivo é avaliar a atuação econômica dos canais.

» **Análise por produtos e por mercados** – A maioria das empresas fabricantes de produtos de consumo ou populares caracteriza-se pela grande diversidade de produtos e venda a um grande número de clientes. Esses produtos não contribuem com valores iguais para o lucro da empresa. Essa é uma característica empresarial, que afeta a forma como os produtos são distribuídos e o grau de atendimento do sistema de distribuição.

» **Análise por objeto de distribuição** – Um objetivo da distribuição consiste em uma série de metas a serem atingidas no contexto produto/mercado. A finalidade inicial do responsável pela distribuição é especificar a natureza exata desses objetivos. Essa análise deve ser feita em função da natureza dos mercados, dos produtos e do grau de atendimento requerido, bem como dos custos envolvidos.

Os principais custos em sistemas de distribuição são:

» custos de transporte – valor do frete;
» custos de recepção e expedição – relativo à carga e descarga dos produtos na saída e na chegada;
» custos de estocagem – necessário pela armazenagem dos produtos;
» custos de estrutura – custos fixos da estrutura da empresa.

O sistema de distribuição física de uma organização é fundamental e complexo, pois é considerável elemento de custo. Pode se apresentar das seguintes maneiras: sistema de vendas próprio, sistema de vendas de terceiros, sistemas de agentes e representantes comissionados e sistema de distribuidores especializados.

As principais características de qualquer sistema de distribuição física podem ser definidas genericamente como:
- » entrada – entrada de material no depósito;
- » processo – transformação do material que entrou;
- » saída – expedição do produto;
- » controle ou *feedback* – controle ou retorno;
- » restrições – limites de operação.

Os sistemas de distribuição apresentam duas situações na distribuição física de produtos. Na distribuição "um para um", há apenas um ponto de destino. Na distribuição "um para muitos", há vários pontos de destino do produto.

A distribuição "um para um" é influenciada por vários fatores:
- » distância entre o ponto de origem e o ponto de destino;
- » velocidade operacional;
- » tempo de carga e descarga;
- » tempo porta a porta;
- » quantidade ou volume do carregamento;
- » disponibilidade de carga de retorno;
- » densidade da carga;
- » dimensões e morfologia das unidades transportadas;
- » valor unitário;
- » acondicionamento;
- » grau de fragilidade;
- » grau de periculosidade;
- » compatibilidade entre produtos de natureza diversa;
- » custo global.

No sistema de distribuição compartilhada "um para muitos", o veículo é carregado no centro de distribuição com mercadorias destinadas a diversas lojas ou clientes, com roteiro de entrega predeterminado.

» **Figura 2.2** – Distribuição compartilhada "um para muitos"

Fonte: Novaes, 2007, p. 269.

Os elementos básicos do sistema de distribuição compartilhada ou "um para muitos" são:
» divisão da região a ser atendida em zonas de bolsões de entregas;
» distância entre o centro de distribuição e o bolsão de entrega;
» velocidades operacionais e médias;
» tempo de parada;

- » tempo de ciclo;
- » frequência das visitas aos clientes;
- » quantidade de mercadoria;
- » densidade da carga;
- » dimensões e morfologia das unidades transportadas;
- » valor unitário;
- » acondicionamento;
- » grau de fragilidade;
- » grau de periculosidade;
- » compatibilidade entre produtos de natureza diversa;
- » custo global.

A análise da distribuição compartilhada ou "um para muitos" é mais complexa do que a distribuição "um para um". Um aspecto importante que deve ser analisado e levado em consideração na distribuição compartilhada são os custos, em especial os custos operacionais.

Os custos operacionais do veículo estão associados a vários fatores:

- » distância entre o ponto de entrega e o depósito ou centro de distribuição;
- » densidade de pontos visitados por km^2;
- » capacidade do veículo;
- » tempo médio de parada em cada visita;
- » velocidade média de percurso.

Ao levar os produtos fabricados pela produção e entregá-los aos clientes, a distribuição física representa uma ponte entre o *marketing* e a produção. Apesar de interagir com todas as áreas da empresa, a distribuição física tem estreita relação com a área de *marketing*.

Há até certa confusão e muitas pessoas consideram a distribuição física como assunto de *marketing*, e não da administração de materiais ou da logística.

O conceito de *distribuição física* também está presente na área de *marketing*, mas com uma nomenclatura diferente. Na área de *marketing*, a distribuição física é denominada *praça*.

>>> Fique atento!

"A distribuição física envolve o planejamento, a implementação e o controle do fluxo físico de materiais e produtos finais de seus pontos de origem para os pontos de utilização, de modo a satisfazer as necessidades dos clientes visando a um lucro" (Kotler; Armstrong, 2007, p. 255).

Você deve estar se questionando: qual é a relação do *marketing* com a distribuição física?

A distribuição física, ou praça, é fundamental para a área de *marketing* porque está diretamente relacionada à venda de produtos e à consolidação dos mercados da organização.

Vejamos um exemplo prático: uma empresa de refrigerantes lança um novo produto no mercado; seus vendedores percorrem os locais de venda e cumprem suas metas de vendas durante determinado mês, ampliando o mercado consumidor. Contudo, por problemas operacionais da distribuição física, o novo produto não chega às lojas no prazo estipulado.

Esse problema da distribuição do novo produto certamente acarretará prejuízos para a área de *marketing* e para a organização. Por isso, a distribuição física é fundamental para o desempenho e a competitividade da área de *marketing*. No Brasil, a logística de suprimentos é o processo de abastecer a manufatura com matérias-primas e componentes.

Agora que já vimos o que é a distribuição física e verificamos sua importância, podemos avançar para a compreensão do que é canal de distribuição.

>>> Perguntas & respostas

O que significa *canal de distribuição*?

Os **canais de distribuição** representam os meios pelos quais os produtos chegam aos clientes; trata-se dos intermediários entre a empresa e o consumidor final. São considerados canais de distribuição os representantes comerciais da empresa, os atacadistas e os varejistas.

A utilização de um ou mais canais, ou até a não utilização, faz parte da estratégia da empresa, que analisa a melhor forma de distribuir seus produtos em seu mercado consumidor, avaliando fatores como custo, prazo e confiabilidade do intermediário.

» **Figura 2.3** – Paralelismo entre canais de distribuição e distribuição física

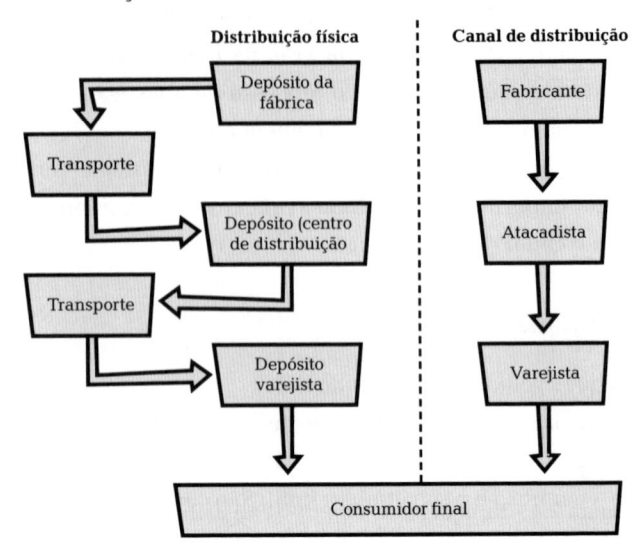

Distribuição física	Canal de distribuição
Depósito da fábrica → Transporte → Depósito (centro de distribuição) → Transporte → Depósito varejista	Fabricante → Atacadista → Varejista

Consumidor final

Fonte: Novaes, 2007, p. 111.

A figura representa um modo de compreender a diferença entre canal de distribuição e distribuição física. Fica muito claro que a distribuição física refere-se exclusivamente ao processo de levar o produto que foi fabricado ao consumidor final, ou seja, à distribuição do produto de seu ponto inicial ao consumidor final.

Já o canal de distribuição é constituído pelos elementos que formam a cadeia de distribuição, que vai da manufatura ao varejo, ou seja, são as formas como a organização vai levar o produto de seu ponto de partida até o consumidor final.

Algumas vezes, uma empresa entrega diretamente seus produtos. Em outros casos, utiliza outras empresas ou indivíduos. Essas empresas são denominadas *intermediários* e, como exemplos, podemos citar: atacadistas, agentes, empresas transportadoras e depósitos.

Um canal de distribuição corresponde a uma ou mais empresas ou indivíduos que participam do fluxo de produtos ou serviços desde o produtor até o cliente ou usuário final.

O canal de distribuição está relacionado com a entrega de produtos ou serviços. Vejamos um exemplo: uma loja que vende produtos eletrodomésticos mantém, na loja física, apenas um exemplar à mostra para os clientes. Quando o produto é vendido, a loja faz o pedido do produto, o qual é entregue do depósito próprio (centro de distribuição) ou diretamente da indústria.

Portanto, a distribuição física é o ato de levar o produto ao consumidor final, ao passo que o canal de distribuição são as formas de distribuição do produto ao consumidor final.

» **Figura 2.4** – Funções dos canais de distribuição

```
┌─────────────────────────────────────────────┐
│           Cadeia de suprimentos             │
└──┬──────────┬──────────┬──────────┬─────────┘
   │          │          │          │
┌──▼────┐ ┌───▼────┐ ┌───▼────┐ ┌───▼─────┐
│Demanda:│ │Demanda:│ │Demanda:│ │Informações│
│indução │ │satisfação│ │pós-venda│ │nos dois │
│        │ │        │ │        │ │sentidos │
└──┬────┘ └───┬────┘ └───┬────┘ └───┬─────┘
   │          │          │          │
┌──▼──────────▼──────────▼──────────▼─────────┐
│                 Consumidor                  │
└─────────────────────────────────────────────┘
```

Fonte: Sperotto, 2014.

Os canais de distribuição desempenham quatro funções básicas:

1) indução da demanda;
2) satisfação da demanda;
3) serviços de pós-venda;
4) troca de informações.

Induzir a demanda significa utilizar técnicas e métodos para aumentar a procura pelo produto. **Demanda** é a procura de bens e serviços pelos consumidores. Também podemos definir esse conceito como os desejos humanos acessíveis ao poder de compra.

A satisfação da demanda deve ser uma procura constante da organização, pois a fidelização do cliente só é possível com a satisfação de suas necessidades.

>>> Fique atento!

O cliente é definido como aquele indivíduo que, direta ou indiretamente, utiliza ou usufrui os produtos ou serviços oferecidos pela organização. É a **pessoa mais importante em qualquer tipo de negócio**. É a razão de existência e sobrevivência de qualquer organização, exercendo grande influência sobre o comportamento do negócio.

Os serviços de pós-venda são um instrumento importante utilizado pelo *marketing* no processo de fidelização dos clientes.

Por fim, esse processo deve sempre ser retroalimentado, ou seja, deve haver um constante aprimoramento dessas funções de forma que o consumidor final sempre esteja satisfeito com a organização.

> *Uma cadeia de suprimentos consiste em fornecedores, centros de produção de bens, almoxarifados, centros de distribuição, e comércio varejista, na qual temos um fluxo de materiais que começa com a matéria-prima, passa por produtos em processos e acaba com produtos acabados que fluem ao longo dos diversos pontos da cadeia e, finalmente, são enviados aos varejistas ou clientes.*
> (Gonçalves, 2007, p. 272)

Para satisfazer as necessidades de seus clientes, algumas vezes, é necessário que a organização utilize diferentes estratégias de distribuição que atendam às diversas necessidades de serviços. Um cliente pode ficar satisfeito em receber o produto em 48 horas, mas outro, não. Isso significa que a grande variação das necessidades do mercado e dos clientes afeta diretamente os canais de distribuição.

Alguns fatores podem causar grande impacto nas estratégias de distribuição, como aumento de produtos, variação de embalagem e aumento de pontos de venda e de clientes.

» **Figura 2.5** – Canais de distribuição diretos e reversos

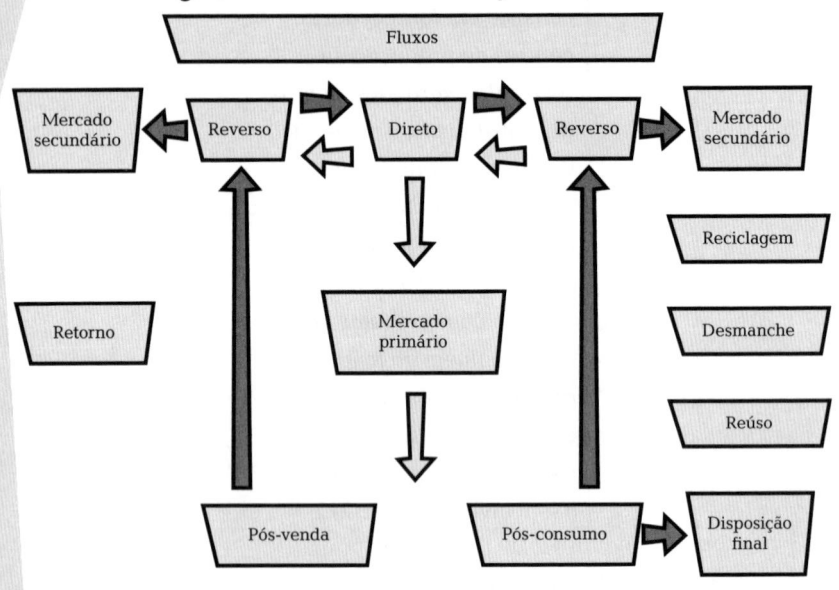

```
                           Fluxos

  Mercado         Reverso      Direto      Reverso        Mercado
  secundário                                              secundário

                                                          Reciclagem

  Retorno                    Mercado                      Desmanche
                             primário
                                                          Reúso

                           Pós-venda      Pós-consumo    Disposição
                                                         final
```

Fonte: Cavallazzi; Valente, 2015.

Para escolher os melhores canais de distribuição, uma boa estratégia é adotar a combinação deles como forma de atingir os objetivos organizacionais.

Dias (2015) afirma que, para a determinação do canal de distribuição que melhor atenda às necessidades da empresa, é preciso analisar os seguintes parâmetros:

» características dos clientes – é o principal elemento;
» características do produto;
» características dos intermediários;
» características dos concorrentes;
» características da empresa;
» características do meio ambiente.

Com o objetivo de definir os canais de distribuição para um produto, são seguidas algumas etapas:
1) identificação dos segmentos homogêneos de clientes;
2) identificação e priorização das funções;
3) *benchmarking* preliminar;
4) revisão do projeto;
5) custos e benefícios;
6) integração com as atividades atuais da empresa.

A atividade de transporte e a escolha do tipo de transporte são fundamentais para o bom funcionamento da distribuição física e conceitos-chave para o desempenho e a competitividade da organização. Os tipos de transporte existentes são rodoviário (caminhões, ônibus e automóveis), ferroviário (trens), hidroviário (rotas transatlânticas, costeiras e continentais), aéreo (aviões e helicópteros) e dutoviário (tubulações).

No Brasil, em virtude da falta de infraestrutura, as opções modais na distribuição física são mais restritas e caras do que em países da Europa e dos Estados Unidos. Nesse sentido, Arnold (2014, p. 362) enfatiza:

> *O transporte é um ingrediente essencial para o desenvolvimento econômico de qualquer área. Reúne as matérias-primas para a produção de* commodities *comercializáveis e distribui os produtos da indústria no mercado. Como tal, é um dos principais componentes do tecido econômico-social de*

um grupo humano, ajudando no desenvolvimento econômico de áreas regionais.

A escolha do tipo de transporte é fundamental. De forma geral, a melhor opção é o transporte intermodal, ou seja, dois ou mais tipos de transporte para otimizar a distribuição física.

Cada modalidade de transporte apresenta suas próprias características de custo e serviços. De acordo com Arnold (2014), para oferecer serviços de transporte, qualquer transportadora precisa dispor de certos elementos básicos:

- **Vias** – São os caminhos pelos quais a transportadora opera.
- **Terminais** – São os lugares onde as transportadoras carregam e descarregam os produtos.
- **Veículos** – São os tipos utilizados nos transportes.

Os custos e os serviços são elementos que determinam a modalidade de transporte mais adequada.

Os custos de transporte são divididos em custos fixos e custos variáveis. Além disso, há os custos operacionais, que se referem a vias, terminais, veículos e sua manutenção, mão de obra, combustível e administração.

Segundo Arnold (2014), para reduzir os custos de transporte uma empresa, é necessário:

- reduzir o custo de linha de transporte (CLT) aumentando o peso transportado;
- diminuir o custo de retirada e entrega, reduzindo o número de retiradas;
- diminuir os custos de manuseio nos terminais, diminuindo o número de carregamentos;
- diminuir os custos de listagem e coleta.

Arnold (2014) apresenta uma breve análise das modalidades de transportes disponíveis. O **transporte ferroviário** representa um grande investimento de capital. A maior parte do custo total de operação de uma ferrovia é fixa, por isso as ferrovias devem ter alto volume de tráfego para absorver esses custos. Alguns dos pontos positivos do transporte ferroviário são: serviço confiável, flexibilidade, preço mais acessível para grandes volumes. Essa modalidade é adequada para transportar grandes quantidades de cargas volumosas por longas distâncias, como carvão, grãos de milho, soja, sal, açúcar e minérios. No **transporte rodoviário**, a maioria dos custos é de natureza operacional (variável). O **transporte aéreo** exige um sistema aéreo, os aviões são caros, os custos de operação são altos e a maioria dos custos é variável. Já no **transporte hidroviário**, os navios representam o principal custo de capital fixo. A maior vantagem do transporte hidroviário é o custo (os operacionais são baixos e, como os navios têm capacidade relativamente grande, os fixos podem ser absorvidos pelos grandes volumes). Os navios são lentos, por isso as hidrovias são mais adequadas para o transporte de cargas grandes e de baixo valor por longas distâncias. Por fim, a **tubulação** é um meio de transporte para gás, petróleo e produtos refinados. Os custos são altos, atendem a uma população pequena, mas os custos operacionais são pequenos.

>>> Para saber mais

Para encontrar mais informações sobre cadeia de suprimento e distribuição, recomendamos a consulta aos seguintes livros:

ARNOLD, J. R. T. **Administração de materiais**: uma introdução. São Paulo: Atlas, 2014.

CHRISTOPHER, M. **Logística e gerenciamento da cadeia de suprimentos**: criando redes que agregam valor. 2. ed. São Paulo: Thomson Learning, 2007.

DIAS, M. A. **Administração de materiais**: uma abordagem logística. 6. ed. São Paulo: Atlas, 2015.

NOVAES, A. G. **Logística e gerenciamento da cadeia de distribuição**. 3. ed. Rio de Janeiro: Campus, 2007.

Analisados os conceitos de *cadeia de suprimento*, *distribuição física* e *canais de distribuição*, podemos avançar para o próximo tópico, que trata do gerenciamento da cadeia de suprimento e distribuição.

» Gerenciamento da cadeia de suprimento e distribuição

Agora que já examinamos os conceitos básicos referentes à cadeia de suprimento e distribuição e sua importância para as organizações, podemos compreender como ocorre o gerenciamento dessa cadeia, de modo a tornar os empreendimentos competitivos em seu setor de atuação.

Podemos afirmar que as mudanças no ambiente competitivo impõem mudanças na logística e no gerenciamento da cadeia de suprimento e distribuição.

O conceito de *gerenciamento da cadeia de suprimento e distribuição*, apesar de ser extremamente importante, é relativamente novo na literatura acadêmica da área.

> **Figura 2.6** – Gerenciamento da cadeia de suprimento

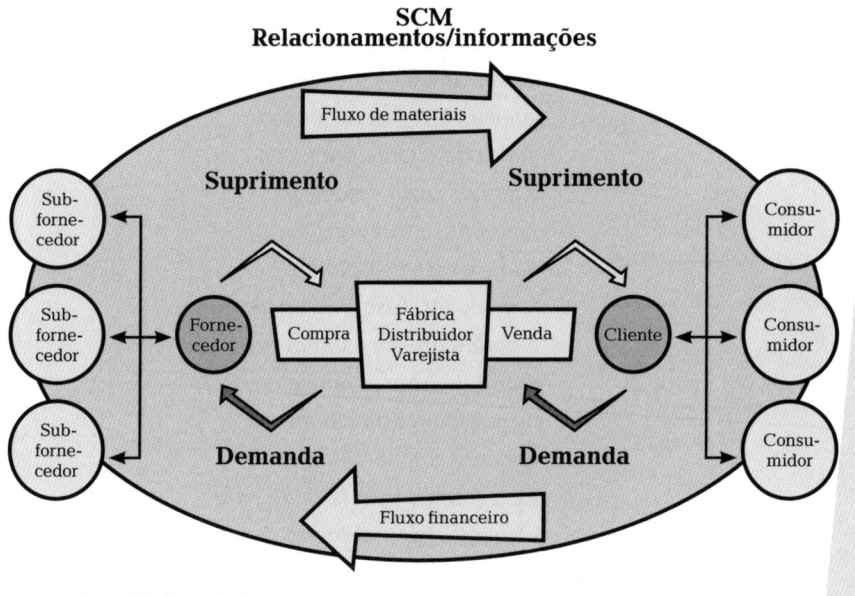

SCM
Relacionamentos/informações

Fluxo de materiais

Suprimento   Suprimento

Sub-fornecedor — Sub-fornecedor — Sub-fornecedor → Fornecedor → Compra → Fábrica Distribuidor Varejista → Venda → Cliente ↔ Consumidor / Consumidor / Consumidor

Demanda   Demanda

Fluxo financeiro

Fonte: Oliveira, E., 2014.

A cadeia de suprimentos é o conjunto de passos que uma empresa deve percorrer para transformar componentes brutos em produtos finais e entregá-los aos clientes. O gerenciamento da cadeia de suprimento e distribuição também é denominado *Supply Chain Management* (SCM) e surgiu como uma evolução natural do conceito de *logística integrada*. O SCM é o processo usado por uma empresa para garantir que sua cadeia de suprimentos seja eficiente e rentável. Normalmente, é composto de cinco fases: **planejamento**, **desenvolvimento**, **fabricação**, **logística** e **retorno**.

Conforme Novaes (2007, p. 288-289),

> *O gerenciamento da cadeia de suprimentos preocupa-se em satisfazer as necessidades do cliente final, com o menor custo associado, mediante a integração do processo comprador/ fornecedor. Essa integração é obtida graças a um grau maior de transparência das necessidades do cliente por meio do compartilhamento de informação, auxiliado pelo estabelecimento de processos "uniformes" que vinculem a identificação das necessidades de reabastecimento físico com a resposta* Just-in-time.

O gerenciamento da cadeia de suprimento e distribuição é a forma estratégica de empregar os métodos e instrumentos disponíveis de modo a otimizar sua utilização e seus resultados.

> *É necessária a realização de uma gestão de forma também integrada com a finalidade de planejar e de controlar o fluxo de materiais, informações*

> e recursos, desde o fornecedor até o cliente final, objetivando agregar melhorias que venham atender às necessidades dos clientes. O resultado dessa operação é agregar maior valor ao cliente com uma resposta rápida às suas necessidades, flexibilidade para atender às variações de demanda e variedade de produtos. Essa operação vai permitir, enfim, ter efetivamente o produto quando o cliente necessitar e com custos competitivos. Esse conjunto de ações acaba se refletindo no desempenho da cadeia de suprimentos.
> (Gonçalves, 2007, p. 277)

O gerenciamento da cadeia de suprimento é estratégico para as empresas no que se refere às atividades de concepção, planejamento, implementação e execução dos projetos estratégicos dessa área organizacional.

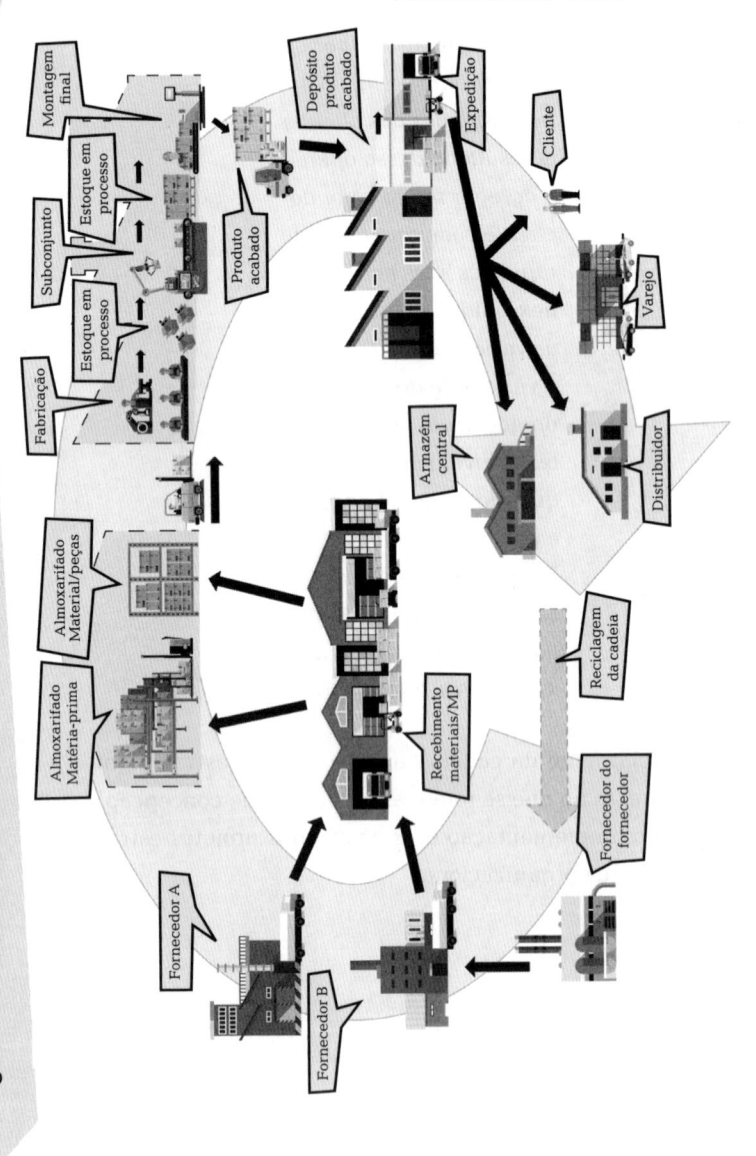

» **Figura 2.7** – Cadeia de abastecimento, manufatura e distribuição

Crédito: Macrovector/Shutterstock

Fonte: Adaptado de Martins, 2012.

A Figura 2.7 mostra o processo de gerenciamento logístico, apresentando os elementos básicos do processo de gerenciamento da cadeia de suprimento e distribuição.

Por meio dessa figura, podemos notar que o gerenciamento da cadeia de suprimento e distribuição é constituído pelos seguintes elementos:

» fornecedor;
» compra de material;
» operações;
» distribuição;
» clientes;
» fluxo de informações;
» fluxo de materiais.

Portanto, o objetivo principal do gerenciamento da cadeia de suprimento e distribuição é atingir um resultado mais lucrativo e satisfazer as necessidades e os desejos dos consumidores finais. De acordo com Gonçalves (2007, p. 272-273), essa atividade gerencial deve ser concebida

> como um conjunto de atividades de forma a tornar eficiente a integração dos fornecedores, dos fabricantes, dos centros de distribuição e de estocagem, de tal forma que a comercialização dos produtos seja realizada na quantidade certa, no local correto e no momento oportuno, com foco na redução dos

custos e na alta satisfação nos níveis de serviços prestados aos clientes.

Ainda conforme Gonçalves (2007), a integração da cadeia de suprimentos passa por quatro estágios de complexidade:
1) informal;
2) funcional;
3) integração de processos internos;
4) organização integrada.

Christopher (2007) afirma que os mercados e as cadeias de suprimento estão em constante transformação e aponta sete transformações empresariais que afetam o gerenciamento da cadeia de suprimento:

1) **De enfoque no fornecedor para enfoque no cliente** – Com a competitividade, o foco deve ser alterado da visão de redução de custo (fornecedor) para o foco no cliente e na agilidade.
2) **De sistemas "empurrados" para sistemas "puxados"** – Nos sistemas empurrados, o sistema é otimizado pela produção com planejamento de longo prazo; nos sistemas puxados, a produção ocorre pela demanda existente.
3) **De estoque para informação** – O custo de estoque é alto, por isso a informação é base para a redução de custos, mas sem que prejudique o perfeito funcionamento da organização.
4) **De transação para relacionamentos** – No passado, a empresa produzia para atender a demandas; com o foco no cliente, este passa a ser importante e a organização tende a estabelecer um relacionamento mútuo e duradouro.
5) **De caminhões e galpões para a gestão de porta a porta do canal** – No passado, a administração de materiais e logística tinha seu foco nos caminhões e galpões como base de

seu funcionamento; na atualidade, o foco passou a ser a gestão da distribuição física para melhor atender ao cliente.

6) **De funções para processos** – As empresas do passado apresentavam uma estrutura organizacional determinada por funções e departamentos, mas o foco tem mudado para os processos organizacionais que fornecem um melhor atendimento das necessidades da empresa e dos clientes.

7) **De competição isolada para rivalidade entre redes** – A competitividade dos mercados faz com que as empresas busquem novas estratégias competitivas, e uma delas é a forma de redes, que proporciona melhores resultados.

O propósito da gestão da cadeia de suprimento e distribuição é oferecer aos clientes o nível de satisfação e a qualidade do serviço que eles esperam e exigem, e isso com o menor custo possível em toda a cadeia. Conforme Christopher (2007, p. 12),

> *A filosofia que há por trás da logística e do conceito de cadeia de suprimentos é a de planejamento e coordenação do fluxo de materiais entre o fornecedor e o usuário como um sistema integrado, e não como era frequente no passado, a de gerenciamento do fluxo de produtos como uma série de atividades independentes. Assim, nessa abordagem, o objetivo é veicular o mercado, a rede de distribuição, o processo de*

fabricação e a atividade de aquisição de tal modo que os clientes tenham um serviço da mais alta qualidade e, no entanto, a um menor custo. Ou seja, o objetivo é obter vantagem competitiva por meio da redução do custo e da melhoria do serviço.

O valor ao cliente é constituído por quatro elementos: **qualidade, serviço, custo** e **tempo**.

A estratégia do gerenciamento da cadeia de suprimento e distribuição é direcionada à excelência do serviço com os menores custos possíveis. Nas cadeias de suprimento e distribuição convencionais, cada etapa do processo tende a estar dissociada das demais, fator que ocasiona o aumento de tempo e de custos totais. Por essa razão, no gerenciamento da cadeira de suprimento e distribuição, precisa haver uma atuação de forma eficiente e como uma rede de distribuidores/pontos sincronizada, e não em pontos isolados. De acordo com Novaes (2007, p. 373),

As atividades logísticas, dentro dos modernos conceitos do Supply Chain Management, *ganharam conotação estratégica ímpar, colaborando efetivamente para a conquista de novos mercados, para a melhoria da competitividade e para o aumento do* market share *das empresas participantes da cadeia de suprimento. Dessa forma, medir a eficiência e monitorar permanentemente o desempenho das empresas e subsistemas da cadeia de suprimento passa a ser atividades de grande importância nesse contexto.*

O desafio do gerenciamento logístico é encontrar meios pelos quais as necessidades das organizações e da sociedade sejam satisfeitas plenamente sem aumentar os custos.

⟫ Perguntas & respostas

O que significa *sincronizar* na cadeia de suprimento e distribuição?
Sincronizar significa "conectar e interligar". A informação compartilhada possibilita que as organizações em uma cadeia de suprimentos estejam conectadas.

A vantagem competitiva pode ser conquistada por meio de um relacionamento mais próximo com o consumidor. É importante que a organização crie valor para o cliente por meio da logística e do gerenciamento da cadeia de suprimento.

Os quatro elementos derivados da logística que criam valor para o cliente são os seguintes:
1) **Melhor** – oferecer um produto melhor do que o do concorrente.
2) **Mais rápido** – considerar que a rapidez pode estar ligada à agilidade, à flexibilidade ou à capacidade de reação a imprevistos e à pontualidade e confiabilidade.

3) **Mais barato** – oferecer um produto mais barato do que o de seu concorrente.

4) **Mais próximo** – oferecer um produto mais próximo de seu cliente.

Na cadeia de suprimentos, as organizações envolvidas dependem umas das outras, mas não cooperam entre si.

>>> Para saber mais

Caso queira obter mais informações sobre gerenciamento da cadeia de suprimento e distribuição, sugerimos os seguintes livros:

CHRISTOPHER, M. **Logística e gerenciamento da cadeia de suprimentos**: criando redes que agregam valor. 2. ed. São Paulo: Thomson Learning, 2007.

DIAS, M. A. **Administração de materiais**: uma abordagem logística. 6. ed. São Paulo: Atlas, 2015.

GONÇALVES, P. S. **Administração de materiais**. 2. ed. Rio de Janeiro: Elsevier, 2007.

NOVAES, A. G. **Logística e gerenciamento da cadeia de distribuição**. 3. ed. Rio de Janeiro: Campus, 2007.

Finalizamos a análise da importância do gerenciamento da cadeia de suprimento e distribuição para as organizações. Dessa forma, podemos avançar para o último tópico do capítulo, em que vamos examinar a formação de redes de suprimentos.

» Formação de redes de suprimentos

A formação de redes de suprimentos surge como uma nova estratégia para melhorar a gestão da cadeia de suprimento e distribuição das organizações, de modo a reduzir custos e maximizar a satisfação dos consumidores finais.

O conceito de *gerenciamento da cadeia de suprimento* como uma rede tem se desenvolvido nos meios empresarial e acadêmico como uma forma estratégica de melhorar a eficiência da área.

A chave para a competitividade das organizações é a forma como a rede de alianças e fornecedores é controlada. A rede da cadeia de suprimentos precisa ter metas estratégicas coletivas e dois itens fundamentais: **pensamento ganha-ganha** e **comunicação aberta**.

A ideia de *rede* apresenta uma filosofia e uma concepção mais complexas acerca da estrutura existente na cadeia de suprimento e distribuição.

Atualmente, podemos encontrar na literatura a substituição da expressão *gestão da cadeia de suprimento e distribuição* (*Supply Chain Management*) pela expressão *rede de suprimentos e distribuição* (*Supply Network*).

Além da mudança da expressão, a alteração também ocorre de forma prática, pois o termo *cadeia* está associado a uma ideia de sequência linear, ou seja, o gerenciamento da cadeia segue a direção de uma linha contínua, que apresenta uma sequência direta em que seus membros estão interligados, mas isso não significa que estejam totalmente conectados.

Já o conceito de *rede de suprimentos e distribuição* é um avanço, pois, mesmo estando interligados em forma de cadeia, os membros podem não estar conectados em prol de objetivos comuns. A concepção de *rede* pressupõe a ideia de uma estrutura interligada entre seus membros.

››› Perguntas & respostas

O que é *networking*?

O *networking* é uma rede de profissionais que se unem em prol de objetivos comuns. A rede de profissionais ou *networking* é importante porque pode alavancar a carreira profissional dos envolvidos.

Quanto maior a rede de contatos de um profissional, maior a possibilidade de crescer em sua área de atuação, conseguir promoções e melhores empregos.

Essa mesma filosofia pode ser aplicada às organizações. Quanto maior o relacionamento da organização, maiores suas possibilidades de negócios no presente e no futuro e também maior sua chance de crescer no mercado em que atua.

››› Para saber mais

A fim de entender melhor a formação de redes de suprimentos e distribuição, recomendamos a consulta aos seguintes livros:

ARNOLD, J. R. T. **Administração de materiais**: uma introdução. São Paulo: Atlas, 2014.

CORONADO, O. **Logística integrada**: modelo de gestão. São Paulo: Atlas, 2007.

DIAS, M. A. **Administração de materiais**: uma abordagem logística. 6. ed. São Paulo: Atlas, 2015.

NOVAES, A. G. **Logística e gerenciamento da cadeia de distribuição**. 3. ed. Rio de Janeiro: Campus, 2007.

Com essa análise de formação de redes de suprimento, finalizamos o Capítulo 2. Na sequência, no próximo capítulo, trataremos da análise da distribuição física.

>>> Estudo de caso: *Fast fashion* e as lojas de varejo brasileiras

A forma de vender roupas no varejo mudou ao longo dos séculos e, nos últimos anos, tem passado por uma transformação profunda. Essa transformação, denominada *fast fashion* ou *moda rápida*, teve sua criação na Europa e começa a se popularizar no Brasil. Pode ser considerada um modelo de comercialização da moda que abastece o mercado com as novidades do mundo *fashion* de forma rápida.

Podemos afirmar que o *fast fashion* é a denominação utilizada por grandes redes de varejo para a produção rápida e contínua de novidades do ramo da moda, ou seja, significa ter novidades nas prateleiras sempre para atender o consumidor com novos produtos. Na verdade, é uma estratégia empresarial e de *marketing* para fidelizar clientes e aumentar os lucros de grandes redes, como Zara, Benetton e H&M.

Pelo conceito de *fast fashion*, as coleções de moda são disponibilizadas nas lojas aos clientes periodicamente (quase toda semana), com a intenção de que a produção se espalhe em mais modelos e ganhe variedade. No entanto, ao mesmo tempo que os estoques se ampliam nesse modelo, eles ficam mais restritos, pois nem todos os números e tamanhos estão disponíveis na coleção, e não há todas as cores e estampas para cada um dos itens.

Com isso, a marca cria vínculo mais forte com o cliente, porque o estimula a não aguardar por liquidações, considerando-se que, se ele não comprar a peça de que gostou naquele momento, na semana seguinte, ela já pode ter sido vendida e outros produtos serão disponibilizados. O cliente passa a ir mais ao ponto de venda e, consequentemente, a comprar mais.

Assim como a ideia que se tinha de *vendas* mudou radicalmente nessas redes varejistas, a cadeia de suprimentos da *fast fashion* precisa se adaptar a essa nova realidade, pois há uma competitividade feroz para se atender às novas demandas dos consumidores. A cadeia de suprimentos da moda rápida apresenta quatro estágios básicos:

1) desenho das roupas;
2) produção das roupas;
3) distribuição aos varejistas;
4) vendas aos clientes.

No Brasil, essa forma de organização já se faz presente em grandes lojas como Renner, Zara, C&A e Riachuelo. Vamos apresentar uma breve análise de algumas dessas redes varejistas.

››› Lojas Renner

A rede de Lojas Renner pode ser considerada uma das maiores varejistas de moda do país. Atualmente, a rede conta com mais de 350 unidades, entre lojas da Renner, da Camicado e YouCom. Suas lojas estão localizadas em *shopping centers* das cinco regiões do país e contam com mais de 17 mil colaboradores. As coleções da empresa passaram a ser desenvolvidas a partir de cinco estilos de vida, refletindo um jeito de ser e de vestir, com base em atitudes, interesses, valores, personalidades e hábitos dos clientes. Assim nasceu o *slogan* "Você tem seu estilo. A Renner tem todos". Os produtos começaram a ser expostos de forma coordenada, agrupando roupas, calçados e acessórios em seis marcas próprias que refletem os *lifestyles*, facilitando a escolha do cliente e otimizando seu tempo de compras. Em 2010, foi criada a loja virtual e, em 2011, a Lojas Renner adquiriu a Camicado, uma empresa no segmento de casa e decoração. A YouCom, um novo modelo de negócio para o público jovem em um ambiente de loja especializada, foi lançada em 2013.

Fonte: Elaborado com base em Lojas Renner, 2016.

››› Zara Brasil

A Zara foi fundada na Espanha por Amancio Ortega e Rosália Mera na década de 1970, com produção de roupas próprias e abertura de sua primeira loja. A primeira loja fora do país foi inaugurada no ano de 1988 na cidade de Porto, em Portugal. Atualmente, a Zara está presente em 86 países, incluindo o Brasil. A Zara é destinada a três públicos específicos: masculino, feminino e *kids*. É conhecida por lançar peças versáteis e elegantes a preços acessíveis para seu consumidor final.

Fonte: Elaborado com base em Zara Brasil, 2016.

››› C&A

Criada em 1841 pelos irmãos holandeses Clemens e August, cujas iniciais podem ser vistas até hoje, a C&A é uma rede que dispõe de mais de 1,8 mil unidades em 23 países da Europa, da América Latina e da Ásia. Nas terras tupiniquins, a C&A conta com mais de 215 estabelecimentos em 90 cidades e emprega 17 mil profissionais.

Fonte: Elaborado com base em C&A, 2016.

»» Riachuelo

A Riachuelo iniciou suas atividades em 1947 com pequenas lojas de rua, em que se vendiam tecidos a preços baixos. Em 1979, o Grupo Guararapes comprou a rede de lojas.

A empresa adota o conceito de *fast fashion* – agilidade na produção e na distribuição das coleções – para garantir rapidez na divulgação das novas tendências e geração de valor agregado para cada coleção. As lojas são divididas em cinco seções: moda feminina, moda masculina, moda infantil, moda casa e calçados. Para aplicar o modelo *fast fashion*, foi criado um departamento de estilo, que busca a conciliação das necessidades momentâneas do varejo e as possibilidades da fábrica. Foram criadas também as pequenas unidades de produção, as PUPs, que são núcleos de costureiras formados para desenvolver a chamada "modinha" – um trabalho muito mais especializado e em menor escala, mas que consegue entregar moda de forma mais rápida às lojas.

Fonte: Elaborado com base em Riachuelo, 2016a, 2016b.

Design

Essa nova forma de comercializar roupas exige uma nova forma de pensar todo o processo varejista, que exige agora desses grupos varejistas um grupo de *design*, importante nesse mercado. Embora não sejam empresas de alta costura, consideram que é vital para seu sucesso compreender e repassar as tendências da moda a seus consumidores fidelizados.

Manufatura

A maioria das empresas do *fast fashion*, visando à redução de custo e almejando agilizar o processo de produção, não possui fábricas próprias e trabalha com vários fornecedores fixos. A Zara, por exemplo, tem metade dos produtos fabricados em sua rede de 20 fábricas localizadas na Espanha. As subcontratadas são utilizadas para operações de mão de obra intensiva, como costura.

Distribuição

O *fast fashion* alterou o processo de vendas no varejo de grandes redes e isso também trouxe mudanças significativas na distribuição. Uma empresa investiu em depósitos altamente customizados, perto de seus centros de produção principal, nos quais estoca, embala e monta os pedidos individuais para suas redes de varejo.

Em relação à função *distribuição*, essas grandes redes varejistas no Brasil têm centros de distribuição que proporcionam o perfeito funcionamento de suas vendas aos consumidores, fazendo com que os produtos cheguem às lojas no tempo necessário e ao menor custo possível.

Varejo

A função *vendas* nessa nova modalidade de vendas do varejo alterou também a forma de atuar nesse mercado altamente competitivo e lucrativo.

As grandes redes varejistas têm lojas próprias normalmente em grandes *shopping centers*. A produção de lotes pequenos faz com que cada loja receba um número de cada produto, diferentemente do que ocorre com as outras lojas que atuam no mercado tradicional, em que cada produto é ofertado em várias unidades da mesma numeração.

Como os produtos têm uma venda rápida e uma grande rotatividade, encorajam os consumidores a visitar as lojas para verificar as novidades constantemente e, assim, comprar novos produtos.

Fonte: Adaptado de Slack, Chambers e Johnston, 2009.

» Questões para reflexão

1) Esse novo modelo de venda de roupas das redes varejistas alterou o processo das organizações? Como? Explique.

2) Compare a abordagem tradicional e a nova abordagem de *fast fashion* adotada pelas empresas em relação à gestão da cadeia de suprimentos.

3) Quais os benefícios e as críticas possíveis para a abordagem de *fast fashion*?

4) Você conhece outras empresas que adotam essa nova abordagem *fast fashion*?

» Síntese

Neste segundo capítulo, analisamos conceitos importantes, como *suprimento*, *cadeia de suprimentos*, *gerenciamento da cadeia de suprimento e distribuição* e *formação de redes de suprimentos e distribuição*, considerados como instrumentos e ferramentas fundamentais para a competitividade das empresas.

Vimos que, em virtude da grande competitividade e concorrência dos mercados, as organizações buscam novas estratégias e técnicas para melhorar seu desempenho, sua produtividade, sua lucratividade e atender a seus clientes da forma mais eficiente, de modo a deixá-los satisfeitos.

» Questões para revisão

1) Considere os seguintes elementos:
   I. Clientes
   II. Recursos financeiros
   III. Atacadistas
   IV. Estoque
   V. Lojas

   Uma cadeia de suprimentos é composta de alguns elementos básicos, que estão sempre presentes. Quais são?
   a. Apenas I, II, IV e V.
   b. Apenas I, III e IV.
   c. Apenas II, III, IV.
   d. Apenas I, III, IV e V.
   e. Apenas I, III, V.

2) Quais são considerados os principais custos nos sistemas de distribuição?
   a. Custo de transporte, custo de recepção e expedição, custo de estocagem, custo de estrutura.
   b. Custo de transporte, custo de estocagem, custo variável, custo direto.
   c. Custo direto, custo de recepção e expedição, custo de estocagem, custo de estrutura.

d. Custo de transporte, custo direto, custo de estocagem, custo de estrutura.

e. Custo indireto, custo de transporte, custo de recepção e expedição, custo de estrutura.

3) Considere as seguintes funções:
   I. Indução da demanda
   II. Ouvidoria
   III. Serviço de atendimento ao consumidor (SAC)
   IV. Satisfação da demanda
   V. Troca de informações

   Quais dessas funções referem-se aos canais de distribuição?
   a. Apenas I, II, IV e V.
   b. Apenas I, IV e V.
   c. Apenas II, III, IV e V.
   d. Apenas I, III e V.
   e. Apenas III e IV.

4) Explique os quatro elementos derivados da logística que criam valor para o cliente: melhor, mais rápido, mais barato e mais próximo. Como esses elementos podem contribuir para o alcance da competitividade?

5) Diante do que foi apresentado sobre o processo de transformação da logística e da distribuição física, quais são as perspectivas para a distribuição física para os próximos anos?

❯❯ Consultando a legislação

ANAC – Agência Nacional de Aviação Civil. **Regulação**.
Disponível em: <http://www.anac.gov.br/Area.aspx?ttCD_CHAVE=14>. Acesso em: 19 fev. 2016.

ANTAQ – Agência Nacional de Transportes Aquaviários.
Disponível em: <http://www.antaq.gov.br/Portal/default.asp>. Acesso em: 19 fev. 2016.

ANTT – Agência Nacional de Transportes Terrestres. **Legislação**.
Disponível em: <http://www.antt.gov.br/index.php/content/view/355/Legislacao.html>. Acesso em: 19 fev. 2016.

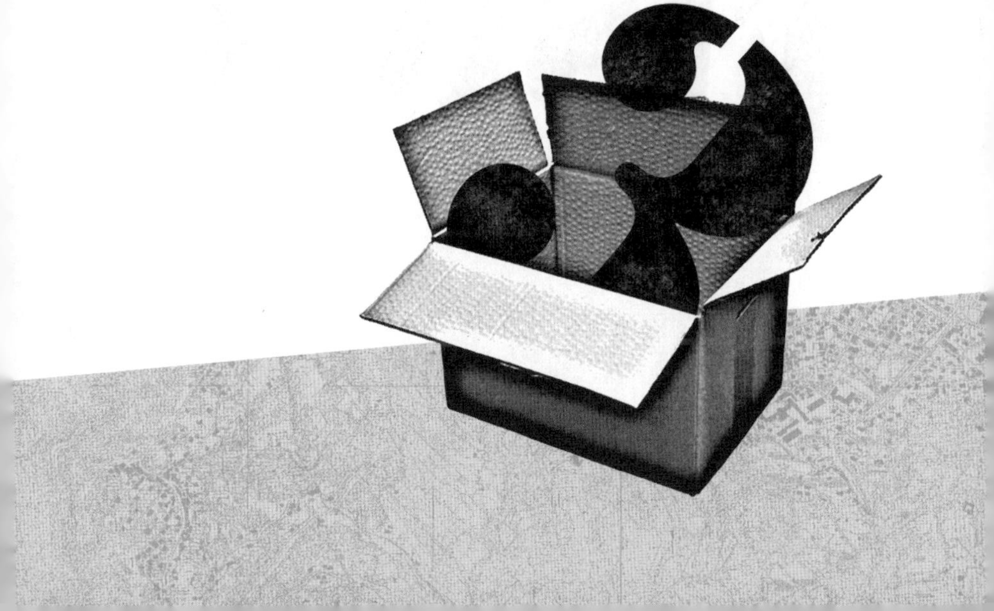

DISTRI-BUIÇÃO FÍSICA

»» Conteúdos do capítulo:

» Estruturação moderna dos canais de distribuição e suas implicações na distribuição física de produtos.
» Custo e cadeia de valor na logística de distribuição.
» Roteirização de veículos e operadores logísticos.
» Flexibilização do esquema produtivo e da distribuição.
» Avaliação, produtividade, eficiência e *benchmarking* de serviços logísticos.

»» Após o estudo deste capítulo, você será capaz de:

1. compreender a estruturação moderna dos canais de distribuição e suas implicações na distribuição física de produtos;
2. analisar o custo e a cadeia de valor na logística de distribuição;
3. compreender a roteirização de veículos e operadores logísticos;
4. compreender a flexibilização do esquema produtivo e da distribuição;
5. avaliar questões de avaliação, produtividade, eficiência e *benchmarking* de serviços logísticos.

Como vimos nos capítulos anteriores, a logística e a distribuição física são fundamentais para o sucesso das organizações e para torná-las competitivas em um mercado altamente agressivo.

Neste capítulo, apresentaremos os fundamentos da distribuição física, seus custos, os aspectos operacionais da roteirização de veículos e as novas formas de gestão da distribuição física.

O objetivo do capítulo é demonstrar como a distribuição física pode tornar-se um fator de vantagem competitiva para as organizações.

» Estruturação moderna dos canais de distribuição e suas implicações na distribuição física de produtos

Vimos que o competitivo mercado tem exigido das organizações estratégias diferenciadas. Com a área de logística e distribuição física, não é diferente.

Para compreendermos o que é a estrutura moderna dos canais de distribuição, é preciso, primeiramente, entendermos o conceito de *estrutura organizacional*, que pode ser definida pela forma como a organização está estruturada em suas áreas e departamentos, de modo a funcionar e atingir seus objetivos.

A estrutura organizacional não é estática e imutável, ela pode se alterar no decorrer do tempo, em virtude das necessidades e dos objetivos organizacionais, que também não são estáticos e sofrem alterações. Portanto, a estrutura organizacional é dinâmica.

Ao considerarmos que o conceito de *estrutura* não é estático e que pode e deve se alterar para tornar as organizações competitivas, podemos afirmar que também os canais de distribuição podem ter sua estrutura alterada para atender às novas necessidades dos clientes.

Na distribuição física, a atividade de transporte é fundamental e, por isso, basicamente as estratégias deverão recair sobre a função de transporte.

Algumas discussões começam a se destacar sobre essas estratégias e a estrutura moderna, entre as quais podemos citar as que se referem a:

» canais de distribuição vertical;
» canais de distribuição híbridos;
» canais de distribuição múltiplos;
» canais de distribuição reversos.

» **Figura 3.1** – Canais de distribuição vertical

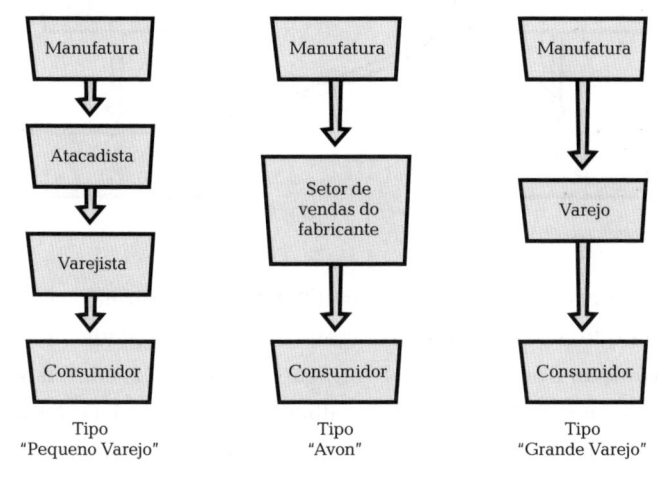

Manufatura	Manufatura	Manufatura
↓	↓	↓
Atacadista	Setor de vendas do fabricante	Varejo
↓		↓
Varejista		
↓	↓	↓
Consumidor	Consumidor	Consumidor
Tipo "Pequeno Varejo"	Tipo "Avon"	Tipo "Grande Varejo"

Fonte: Sperotto, 2014.

Os canais de distribuição vertical são aqueles em que as estruturas de distribuição seguem uma sequência lógica rígida de responsabilidade de um segmento a outro.

Analisando a Figura 3.1, podemos perceber que, após o fim do processo produtivo, a empresa carrega o caminhão com os produtos para o armazém do atacadista, onde a carga é descarregada e vendida para vários varejistas. Por fim, o varejista estoca os produtos em suas lojas para venda ao consumidor final. Retomando o que foi discutido nas fases da logística, o canal de distribuição vertical se enquadra na fase 1 (Novaes, 2007).

» **Figura 3.2** – Canais de distribuição múltiplos

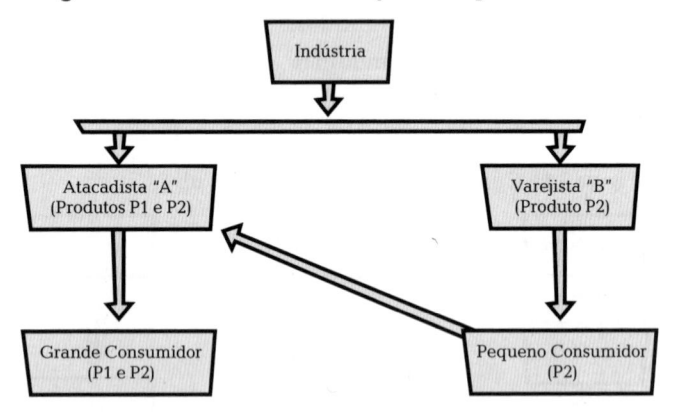

```
                        Indústria
                           │
        ┌──────────────────┴──────────────────┐
        ▼                                     ▼
  Atacadista "A"                        Varejista "B"
 (Produtos P1 e P2)                     (Produto P2)
        │                                     │
        ▼                                     ▼
 Grande Consumidor                     Pequeno Consumidor
     (P1 e P2)                              (P2)
```

Fonte: Sperotto, 2014.

Os canais de distribuição múltiplos são outra forma de estrutura que permite melhorar o gerenciamento da cadeia de distribuição. Como é possível verificar na Figura 3.2, a indústria despacha os produtos para o atacadista e para a loja. Nesse caso, o consumidor final pode adquirir o produto diretamente do atacadista ou do varejista.

» **Figura 3.3** – Canais de distribuição híbridos

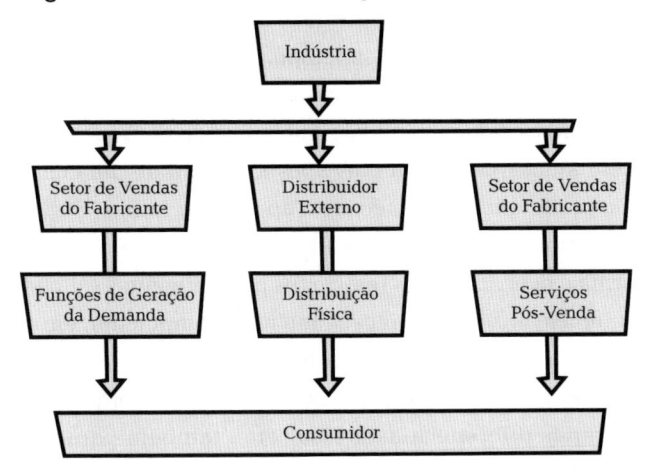

```
                            Indústria
         ┌──────────────────────┼──────────────────────┐
         ▼                      ▼                      ▼
  Setor de Vendas         Distribuidor          Setor de Vendas
   do Fabricante            Externo              do Fabricante

  Funções de Geração      Distribuição             Serviços
     da Demanda              Física               Pós-Venda
         │                      │                      │
         └──────────────────────┼──────────────────────┘
                            Consumidor
```

Fonte: Sperotto, 2014.

O canal de distribuição híbrido é resultado de uma junção de mais de um tipo de canal de distribuição. Diferentemente do que ocorre com o canal de distribuição vertical, no modelo híbrido, uma parte das funções é executada em paralelo por dois ou mais elementos da cadeia.

» **Figura 3.4** – Canais de distribuição reversos

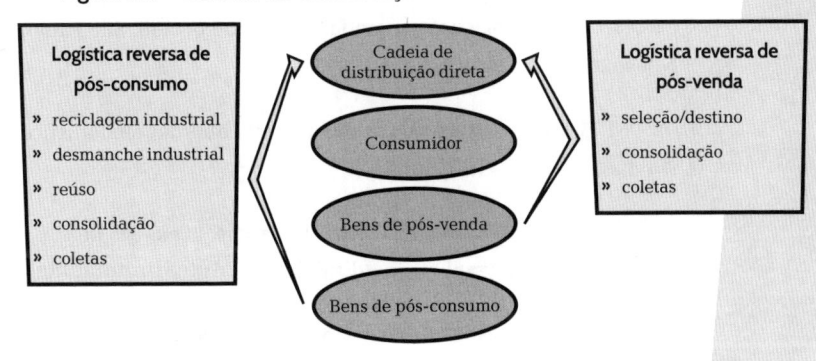

Logística reversa de pós-consumo
» reciclagem industrial
» desmanche industrial
» reúso
» consolidação
» coletas

Cadeia de distribuição direta
Consumidor
Bens de pós-venda
Bens de pós-consumo

Logística reversa de pós-venda
» seleção/destino
» consolidação
» coletas

Fonte: Oliveira, L., 2014.

O canal de distribuição reverso é uma nova modalidade que surgiu em razão da necessidade de as indústrias atenderem a seus clientes e, ao mesmo tempo, à legislação vigente. É o que ocorre, por exemplo, no caso de um produto com defeito ter sido adquirido pelo cliente numa loja de eletrodomésticos. Suponhamos que, dois meses após a compra de um computador, o produto tenha começado a apresentar falhas. O cliente, então, aciona o serviço de atendimento ao cliente da fábrica e informa o ocorrido. Após realizar os procedimentos solicitados pela indústria, o cliente recebe um novo computador, em substituição ao antigo que estava com defeito.

Reiterando: o competitivo mercado exige das organizações estratégias diferenciadas, e isso serve também para a área de logística e distribuição física. A estrutura da organização sofre alterações ao longo do tempo para continuar atendendo às necessidades de seus clientes.

»> Para saber mais

Caso queira obter mais informações sobre a estruturação moderna dos canais de distribuição e suas implicações na distribuição física de produtos, vale a pena consultar os seguintes livros:

CORONADO, O. **Logística integrada**: modelo de gestão. São Paulo: Atlas, 2007.

DIAS, M. A. **Administração de materiais**: uma abordagem logística. 6. ed. São Paulo: Atlas, 2015.

GONÇALVES, P. S. **Administração de materiais**. 2. ed. Rio de Janeiro: Elsevier, 2007.

NOVAES, A. G. **Logística e gerenciamento da cadeia de distribuição**. 3. ed. Rio de Janeiro: Campus, 2007.

Analisada a importância da estruturação moderna dos canais de distribuição, podemos avançar para o próximo tópico do capítulo, que trata de custo da cadeia e cadeia de valor na logística de distribuição.

» Custo e cadeia de valor na logística de distribuição

Vimos que as organizações buscam reduzir custos e aumentar a satisfação do consumidor final na cadeia de suprimento e distribuição. Pois bem, e o que são **custos**?

Os custos podem ser definidos como os gastos que a organização teve com o processo de distribuição física e podem ser classificados em custos fixos e custos variáveis.

Os **custos fixos** são todos os custos de um produto ou serviço que não variam com o nível de produção ou de venda.

Já os **custos variáveis** são todos os custos de um produto ou serviço que variam com o nível de produção ou de venda.

Além de garantir qualidade, a redução de custo também é fundamental para o desempenho da cadeia de suprimentos, de modo que as empresas sejam competitivas.

O principal método de cálculo de custos na cadeia de suprimentos é o **método ABC** (custo baseado em atividade). "A curva ABC é um importante instrumento para o administrador; ela permite identificar aqueles itens que justificam atenção e tratamento adequados quanto à sua administração. Obtém-se a curva ABC através da ordenação do item conforme a sua importância relativa" (Dias, 2015, p. 69).

Um dos objetivos da análise ABC é a avaliação mais precisa do nível de lucratividade na comercialização de produtos ou na prestação de serviços. De acordo com Novaes (2007, p. 236-237),

> *Um dos objetivos do método ABC é ir mais fundo na explicação da composição dos custos da empresa e da cadeia de suprimento. A meta principal dessa técnica de custeio é alocar custos que reflitam ou "espelhem" a dinâmica físico-operacional da empresa. De uma maneira geral, os recursos da empresa são consumidos na realização de atividades diversas, e estas são executadas para gerar produtos ou serviços que, por sua vez, vão ser alocados a clientes diversos.*

A curva ABC tem sido usada na gestão de estoque para a definição de políticas de vendas, para o estabelecimento de prioridades, para a programação da produção e uma série de outros problemas usuais das empresas.

A curva ABC fornece a ordenação dos materiais pelos respectivos valores de consumo anual.

Na logística e no gerenciamento da cadeia de suprimento e distribuição, o método de custeio ABC é muito usado para controlar o estoque, uma vez que alguns produtos são mais importantes que outros e precisam ser tratados como tal.

» **Gráfico 3.1** – Curva ABC

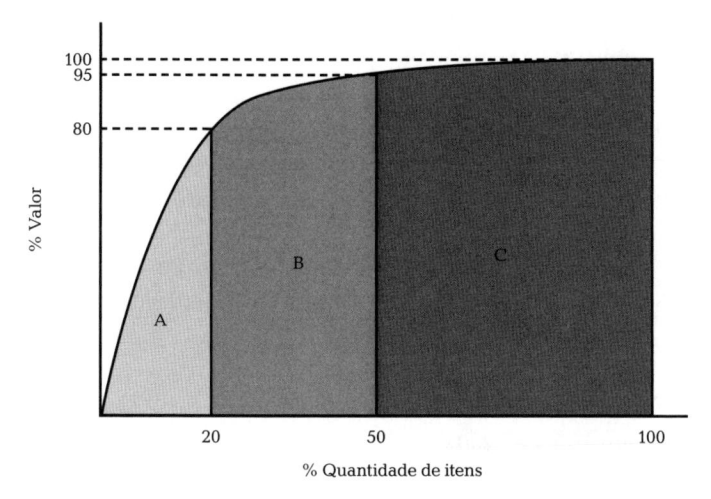

Fonte: Prado Filho, 2010.

A curva ABC é importante porque possibilita identificar os itens que justificam atenção e tratamento diferenciado à análise de custos das organizações.

É obtida por meio da ordenação dos itens conforme sua importância relativa no custo total de produção. As classes são divididas em:

» **Classe A** – composta do grupo de itens mais importantes no processo.
» **Classe B** – composta do grupo de itens de situação intermediária, nem os mais importantes nem os menos importantes.
» **Classe C** – composta do grupo de itens de menor importância no processo de produção e análise de custos.

Portanto, o foco no controle deve recair prioritariamente sobre as classes A e B.

A curva ABC pode ser usada para administração de estoques, política de vendas, programação e previsão da produção.

>>> **Para saber mais**

Caso queira aprofundar seu conhecimento sobre custo e cadeia de valor na logística de distribuição, sugerimos os seguintes livros:

DIAS, M. A. **Administração de materiais**: uma abordagem logística. 6. ed. São Paulo: Atlas, 2015.

GONÇALVES, P. S. **Administração de materiais**. 2. ed. Rio de Janeiro: Elsevier, 2007.

NOVAES, A. G. **Logística e gerenciamento da cadeia de distribuição**. 3. ed. Rio de Janeiro: Campus, 2007.

Analisada a importância do custo e da cadeia de valor na logística de distribuição, podemos avançar para o próximo tópico do capítulo, em que examinamos a roteirização de veículos e operadores logísticos.

» Roteirização de veículos e operadores logísticos

Vimos que os custos envolvidos nos processos logísticos e nos transportes são preocupação permanente de gestores das organizações, e um dos maiores custos nas atividades logísticas está relacionado ao transporte dos produtos.

Desse modo, podemos supor que a roteirização de veículos também seja alvo de estudos e preocupação dos gestores por envolverem altos custos. Mas o que é roteirização?

> **》》 Perguntas & respostas**
>
> **O que é roteirização de veículos?**
>
> A roteirização de veículos é o processo de planejamento e execução de roteiros de entrega de produtos para os consumidores finais, de modo a reduzir custos e satisfazer as necessidades dos clientes no prazo.

Assim, podemos afirmar que o problema da roteirização de veículos é encontrar, com base em aproximação, o cálculo da extensão do percurso ótimo num roteiro de entregas para os consumidores finais.

Os questionamentos sempre devem ser feitos no planejamento da roteirização de veículos. Como calcular o melhor roteiro na entrega dos produtos: reduzindo custos e entregando os produtos o mais rápido possível? Como conciliar o interesse do cliente em receber seu produto o mais rápido possível e o interesse da organização em otimizar as entregas com redução de custos?

O custo é o principal obstáculo para uma vantagem competitiva, e o planejamento da roteirização de veículos ganha papel especial. Portanto, o planejamento logístico é fundamental para a roteirização de veículos.

No processo de roteirização, há três fatores fundamentais:
1) decisões;
2) objetivos;
3) restrições.

As **decisões** referem-se à definição do grupo de clientes a ser visitado, dos veículos a serem utilizados e seus motoristas, bem como da programação e sequência das visitas. A seleção da melhor rota deve resultar no menor tempo, custo e distância.

O problema a ser resolvido é sempre minimizar os custos de distribuição. Assim, a ênfase no cálculo de rotas recai sobre o tempo e a frota envolvida, pois isso significa redução de custo.

O **objetivo** principal da roteirização é conciliar a oferta de um serviço com a qualidade aos clientes e, ao mesmo tempo, reduzir custos operacionais.

Contudo, existem **restrições** ao processo de roteirização de veículos, como os recursos disponíveis, os limites de tempo e o trânsito.

» **Figura 3.5** – Roteirização de veículos

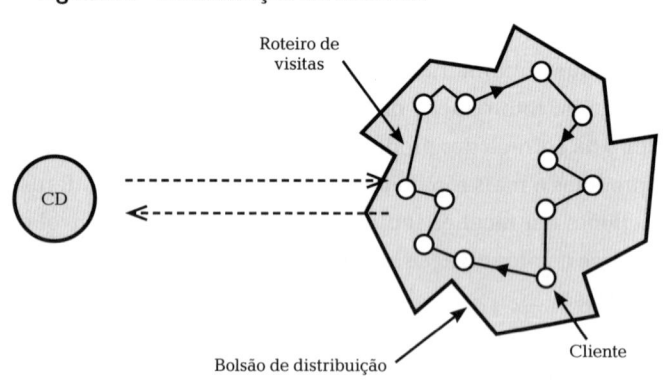

Fonte: Novaes, 2007, p. 291.

Problemas de roteirização podem ocorrer com frequência na distribuição de produtos e serviços. Estes são alguns exemplos rotineiros:

- » na entrega em domicílio de produtos pela internet;
- » na distribuição de produtos dos centros de distribuição para lojas de varejo;
- » na distribuição de bebidas;
- » na distribuição de combustíveis;
- » na entrega domiciliar de correspondências.

Há dois tipos de roteirização: roteirização sem restrições e roteirização com restrições.

A roteirização pode ter restrições de tempo e de capacidade, por isso procura resolver o problema da sequência de visitas e entregas de modo que torne mínimo o percurso dentro do bolsão.

O problema de roteirização sem restrições recebe o nome de **PCV – problema do caixeiro-viajante**.

Há duas categorias de métodos utilizados para resolver um PCV, que são o **método de construção do roteiro** e o **método de melhoria do roteiro**.

» **Figura 3.6** – Método de construção do roteiro

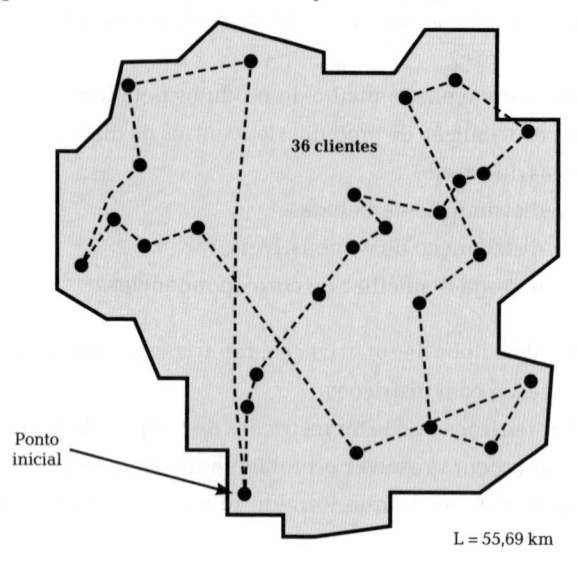

36 clientes

Ponto inicial

L = 55,69 km

Fonte: Novaes, 2007, p. 292.

No método de construção de roteiro, a roteirização parte de um ponto inicial e liga os pontos mais próximos. Esse não é o método mais eficiente, mas é rápido e simples.

Os métodos de melhoria partem da solução obtida com o auxílio de outro método e procuram aperfeiçoar o resultado utilizando uma sistemática predefinida.

» **Figura 3.7** – Método de melhoria do roteiro

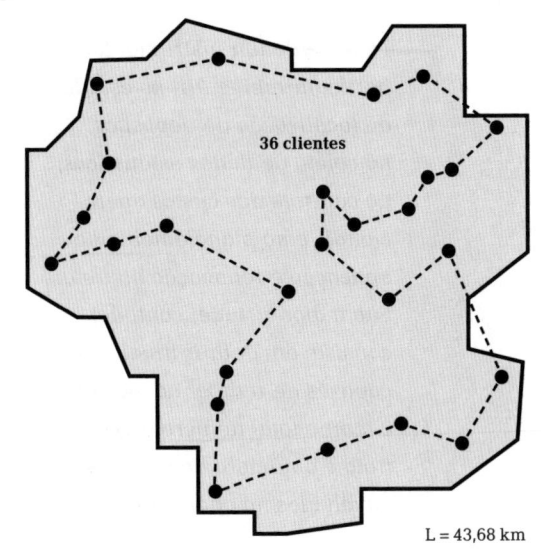

36 clientes

L = 43,68 km

Fonte: Novaes, 2007, p. 295.

O PCV apresenta dificuldades (demora na entrega de produtos, aumento de custos etc.) crescentes à medida que o número de clientes aumenta. Com a roteirização de veículos eficiente, é possível:

» reduzir distâncias;
» realizar as entregas previstas;
» reduzir o tempo para as entregas previstas;
» racionalizar o uso da mão de obra;
» controlar o processo de carga e descarga;
» reduzir custos com combustível e manutenção da frota.

Sobre o PVC, Dias (2015, p. 534) observa:

> *Trata-se de um instrumento particularmente útil no estudo da localização de depósitos na coleta de dados estatísticos, no controle dos custos operacionais e no planejamento de aplicação e renovação da frota. Sua maior virtude, contudo, consiste em definir itinerários capazes de reduzir ao mínimo o tempo total de percurso da frota e o número de veículos envolvidos na operação.*

Atualmente, há no mercado diversos *softwares* de roteirização que ajudam as organizações a planejar e programar seus roteiros de veículos na entrega de produtos para os consumidores finais. Esses programas computacionais são denominados *sistemas de roteirização e programação de veículos* ou *roteirizadores*.

›› Para saber mais

Caso queira entender melhor sobre comércio eletrônico, vale a pena pesquisar os seguintes livros:

DIAS, M. A. **Administração de materiais**: uma abordagem logística. 6. ed. São Paulo: Atlas, 2015.

GONÇALVES, P. S. **Administração de materiais**. 2. ed. Rio de Janeiro: Elsevier, 2007.

NOVAES, A. G. **Logística e gerenciamento da cadeia de distribuição**. 3. ed. Rio de Janeiro: Campus, 2007.

Uma vez que já examinamos o conceito e a importância da roteirização de veículos e operadores logísticos, podemos avançar para o próximo tópico do capítulo, que trata da flexibilização do esquema produtivo e da distribuição.

» Flexibilização do esquema produtivo e da distribuição

A flexibilização das atividades empresariais é um assunto bastante atual. É uma medida estratégica das empresas para atender de forma rápida aos pedidos dos clientes num mercado altamente competitivo.

A flexibilização do esquema produtivo e da distribuição permite que as empresas tenham instrumentos para reagir de forma eficiente, ágil e com baixos custos a mudanças e imprevistos.

No processo produtivo, a flexibilização possibilita que as organizações tenham habilidade de adaptação às necessidades e preferências dos consumidores, de modo a responder às pressões da concorrência e a ficar mais próximas dos mercados por meio de um sistema de distribuição eficiente (Novaes, 2007).

Apesar de o conceito de **flexibilização** ser extremamente importante e atual para as organizações, ainda há muita confusão sobre sua utilização.

De maneira geral, a flexibilização pode ser considerada sob dois aspectos:

1) variedade de produtos, processos e mercados em que as organizações atuam;
2) crescente incerteza na economia e nos mercados.

Vimos que o competitivo mercado tem exigido das organizações estratégias diferenciadas e uma avaliação constante de sua estrutura e suas atividades. Mas o que é avaliação? A resposta está no tópico a seguir.

» Avaliação, produtividade, eficiência e *benchmarking* de serviços logísticos

A avaliação é uma medida utilizada pelas organizações para monitorar permanentemente seu desempenho, com a finalidade de determinar o crescimento e o aperfeiçoamento das práticas e dos processos adotados.

Podemos afirmar que o objetivo da avaliação é mapear os pontos fortes e os pontos fracos das organizações, buscando melhorar e aperfeiçoar constantemente seu desempenho.

No primeiro capítulo, mencionamos que há uma relação direta entre eficiência e produtividade, uma vez que, quanto maior for a eficiência de uma organização, mais produtiva ela será. Em outras palavras, a produtividade constitui uma meta organizacional, pois seu objetivo principal é a redução de custos para a obtenção dos produtos ou serviços, bem como a otimização dos tempos de produção.

Para calcular a produtividade e a eficiência das organizações, é muito comum a utilização de índices de produtividade. Há dois tipos de índices: parciais e totais.

Os **índices parciais** são usualmente determinados, servindo de base para a avaliação e a comparação. No entanto, apesar de fornecerem elementos importantes para a análise da produtividade, representam aspectos isolados do comportamento de produção (Novaes, 2007).

Os **índices totais** apresentam dados e elementos mais completos. Uma metodologia muito utilizada nos índices totais é a função de produção.

A função de produção é uma representação matemática da transformação de insumos em produtos. Conforme Novaes (2007, p. 377),

> *A função de produção permite analisar a produtividade de um conjunto de empresas de um determinado setor, e é definido como a relação entre o que foi produzido e os insumos utilizados num certo intervalo de tempo. O desafio desse tipo de análise é definir uma função matemática que possa representar adequadamente o processo de transformação de um determinado setor da economia.*

A função de produção não mede o desempenho médio de um setor, mas a fronteira de máxima produtividade.

Agora, vamos fazer uma análise do *benchmarking* nas operações logísticas. A grande competitividade demanda das organizações a procura de novos métodos e técnicas de produtividade, medidas de desempenho e técnicas de melhores práticas das organizações.

> *De forma mais geral, benchmarking pode ser entendido como o processo de aferir medidas contra padrões predefinidos, numa bancada (bench). Mais particularmente, benchmarking é definido como sendo os procedimentos sistemáticos utilizados para identificar as melhores práticas observadas num determinado setor, e modificar a atuação de um determinado participante, de forma a atingir um nível de desempenho superior.*
> (Novaes, 2007, p. 393-394)

O marco inicial do moderno *benchmarking* foi a experiência da empresa Xerox na década de 1980. Visando melhorar seus processos internos e tornar-se mais competitiva, a empresa tomou como base as melhores práticas adotadas por empresas concorrentes e bem-sucedidas, ou seja, copiou o que de melhor suas concorrentes tinham, de modo a aperfeiçoar seu desempenho.

Atualmente, o *benchmarking* é amplamente utilizado no processo de aprimoramento contínuo das empresas. Trata-se da comparação de produtos ou processos da empresa com concorrentes ou empresas líderes em outros setores com o objetivo de melhorar os processos internos e aumentar a qualidade dos produtos.

De acordo com considerações de Christopher (2007, p. 279),

> *O benchmarking competitivo poderia simplesmente ser definido como a constante medida dos produtos, serviços, processos e práticas da companhia em relação aos padrões dos melhores concorrentes e de outras empresas reconhecidas com líderes. As medidas escolhidas para a comparação devem direta ou indiretamente causar impacto na avaliação dos clientes quanto ao desempenho da empresa.*

A intenção principal do *benchmarking* é criar vantagem competitiva e superar os concorrentes, e não só se equiparar a eles nas melhores práticas.

Inicialmente, o foco do *benchmarking* era a apropriação das melhores práticas de gestão dos concorrentes diretos e o aperfeiçoamento delas. No entanto, o foco foi ampliado para organizações de alta *performance* de qualquer setor.

»› Perguntas & respostas

Quais são as premissas básicas do *benchmarking*?

O *benchmarking* se pauta em duas premissas básicas:
1) as organizações devem buscar aperfeiçoamento contínuo em suas operações;
2) as melhores práticas devem ser procuradas fora das organizações.

Uma das principais etapas do *benchmarking* é a identificação das organizações eficientes que servirão de parâmetro de análise. O objetivo do *benchmarking* é tornar empresas ineficientes em empresas eficientes.

>>> Para saber mais

Caso queira obter mais informações sobre *benchmarking*, vale a pena consultar os seguintes livros:

CAMP, R. C. **Benchmarking**: o caminho da qualidade total. São Paulo: Pioneira, 1993.

KOTLER, P.; KELLER, K. L. **Administração de marketing**. 12. ed. São Paulo: Pearson Prentice Hall, 2006.

» Questões para reflexão

1) Como as transformações na indústria farmacêutica e no competitivo mercado alteraram a forma de atuar das indústrias? Explique.

2) Explique como funcionam as atividades da logística e da distribuição física na indústria farmacêutica.

3) Como as transformações da indústria farmacêutica alteram a vida das pessoas?

» Síntese

Neste capítulo, analisamos conceitos importantes referentes à distribuição física, como instrumentos e ferramentas fundamentais para o bom funcionamento da logística e para a competitividade das organizações.

Observamos que a estruturação moderna dos canais de distribuição pode trazer benéficas contribuições para a distribuição física de produtos.

Vimos que os custos, tema muito importante da logística e da cadeia de distribuição, devem ser entendidos como fundamentais para que as organizações possam atingir seus objetivos.

Apresentamos o conceito de *roteirização de veículos*, bem como os modelos de roteirização existentes para atender às necessidades dos clientes com uma entrega rápida e com o menor custo possível para as empresas.

Por fim, vimos que as organizações buscam constantemente aprimorar suas práticas nos serviços logísticos e que o conceito de *benchmarking* pode contribuir para esse aperfeiçoamento das atividades de distribuição física.

» Questões para revisão

1) Considere os itens a seguir:
   I. Distribuição vertical
   II. Distribuição híbrida
   III. Distribuição múltipla
   IV. Distribuição "um para um"
   V. Distribuição "um para muitos"

   Quais desses itens **não** são canais de distribuição?

a. Apenas I, II e III.
b. Apenas I, IV e V.
c. Apenas II, III, IV e V.
d. Apenas IV e V.
e. Apenas I e IV.

2) Considere os seguintes itens:
   I. Método de construção do roteiro
   II. Método de melhoria do roteiro
   III. Método de roteirização de pedidos múltiplos
   IV. Método de roteirização de pedido único
   V. Método de roteirização com restrições

   Quais desses itens são categorias de métodos utilizados para resolver um PCV – problema do caixeiro-viajante?
   a. Apenas I e II.
   b. Apenas I, IV e V.
   c. Apenas II, III, IV e V.
   d. Apenas I, III e V.
   e. Apenas I e V.

3) Considere os seguintes fatores:
   I. Decisões
   II. Planejamento
   III. Organização
   IV. Restrições
   V. Objetivos

   Quais desses fatores são fundamentais no processo de roteirização de veículos?
   a. Apenas I e II.
   b. Apenas I, III e V.
   c. Apenas II, III, IV e V.

d. Apenas I, IV e V.

e. Apenas I, II e IV.

4) A flexibilização do esquema produtivo e da distribuição é viável para as empresas? Explique.

5) Diante do que foi apresentado sobre a distribuição física e a roteirização de veículos, quais são as perspectivas futuras para melhorar esse processo de roteirização nos próximos anos?

» Consultando a legislação

Normas regulamentadoras de segurança e saúde do trabalho

ABNT – Associação Brasileira de Normas Técnicas. **NBR ISO 28000**. Rio de Janeiro, 2009.

____. **NBR ISO 28001**. Rio de Janeiro, 2011.

____. **NBR ISO 28004**. Rio de Janeiro, 2013.

Para concluir...

Finalizamos esta obra evidenciando a necessidade de ampliar as discussões sobre as temáticas da logística e da distribuição física em razão de sua importância para o perfeito funcionamento e desempenho das organizações, de modo a torná-las competitivas num mercado cada vez mais agressivo.

Tratamos, no Capítulo 1, dos fundamentos da logística, partindo de uma análise geral das organizações e sua importância para a sociedade e também da logística como área fundamental para as atividades organizacionais.

Vimos que a logística surgiu a partir da Segunda Guerra Mundial e estava diretamente relacionada a estratégias e operações militares. Como área da administração, passou grande parte do tempo como uma atividade de menor importância das organizações em relação a outras. Contudo, com as mudanças ocorridas nas últimas décadas e o foco no cliente, a logística começou a ganhar papel de destaque no mundo empresarial, por ser fundamental para tornar as organizações mais competitivas. Cabe, também, à logística e à distribuição física um papel importante nessa busca por competitividade.

Também destacamos a importância da cadeia de suprimento e distribuição e seu papel nas organizações, bem como os rumos do gerenciamento da cadeia de suprimento e da formação de redes de suprimentos como estratégias competitivas.

No decorrer do livro, analisamos questões sobre distribuição física, estruturação moderna dos canais de distribuição e suas implicações na distribuição física de produtos, custo e cadeia de valor na logística de distribuição, roteirização de veículos e operadores logísticos, flexibilização do esquema produtivo e da distribuição.

Abordamos ainda o gerenciamento da cadeia de suprimento e distribuição constituído pelos seguintes elementos: fornecedor; compra de material; operações; distribuição; clientes; fluxo de informações; fluxo de materiais.

Principalmente em tempos de crise, surgem ideias, teorias e técnicas de gestão que prometem resolver todos os problemas das empresas. Na maioria dos casos, são modismos empresariais que desaparecem na mesma velocidade com que surgem.

Na área de logística e distribuição física, não é diferente! No entanto, a boa notícia é que, apesar de serem bem-vindas essas novas propostas e técnicas de gestão, quando comprovadamente eficazes e eficientes, basta que as atividades e funções da distribuição física sejam realizadas tendo em vista o constante aperfeiçoamento. Portanto, você, futuro gestor de logística e responsável pela distribuição física das empresas, deve ter conhecimentos e habilidades para realizar suas funções de forma a buscar a melhoria contínua.

» Referências

ABNT – Associação Brasileira de Normas Técnicas. **NBR ISO 28000**. Rio de Janeiro, 2009.

____. **NBR ISO 28001**. Rio de Janeiro, 2011.

____. **NBR ISO 28004**. Rio de Janeiro, 2013.

ADMINISTRAÇÃO UFF. **As cinco forças de Porter**. Disponível em: <http://administracaouff.blogspot.com.br/2009/04/as-cinco-forcas-de-porter.html>. Acesso em: 3 dez. 2015.

ALBERTIN, A. L. **Comércio eletrônico**: modelo, aspectos e contribuições de aplicação. 6. ed. São Paulo: Atlas, 2010.

ANAC – Agência Nacional de Aviação Civil. **Regulação**. Disponível em: <http://www.anac.gov.br/Area.aspx?ttCD_CHAVE=14>. Acesso em: 19 fev. 2016.

ANTAQ – Agência Nacional de Transportes Aquaviários. Disponível em: <http://www.antaq.gov.br/Portal/default.asp>. Acesso em: 19 fev. 2016.

ANTT – Agência Nacional de Transportes Terrestres. Disponível em: <http://www.antt.gov.br/index.php/content/view/355/Legislacao.html>. Acesso em: 19 fev. 2016.

ARNOLD, J. R. T. **Administração de materiais**: uma introdução. São Paulo: Atlas, 2014.

BAKER, M. J. **Administração de marketing**. 5. ed. Rio de Janeiro: Campus, 2005.

BALLOU, R. H. **Logística empresarial**: transportes, administração de materiais, distribuição física. São Paulo: Atlas, 2009.

BETHLEM, A. de S. **Estratégia empresarial**: conceitos, processo e administração estratégica. 6. ed. São Paulo: Atlas, 2009.

BOWERSOX, D. J. et al. **Gestão logística da cadeia de suprimentos**. 4. ed. São Paulo: McGraw Hill, 2014.

BRASIL. Decreto-Lei n. 5.452, de 1º de maio de 1943. **Diário Oficial da União**, Poder Executivo, Brasília, DF, 9 ago. 1943. Disponível em: <http://www.planalto.gov.br/ccivil_03/decreto-lei/Del5452.htm>. Acesso em: 19 fev. 2016.

____. Lei n. 5.172, de 25 de outubro de 1996. **Diário Oficial da União**, Poder Legislativo, Brasília, DF, 27 out. 1966. Disponível em: <http://www.planalto.gov.br/ccivil_03/Leis/L5172.htm>. Acesso em: 19 fev. 2016.

____. Lei n. 8.078, de 11 de setembro de 1990. **Diário Oficial da União**, Poder Legislativo, Brasília, DF, 12 set. 1990. Disponível em: <http://www.planalto.gov.br/ccivil_03/leis/l8078.htm>. Acesso em: 19 fev. 2016.

CAMP, R. C. **Benchmarking**: o caminho da qualidade total. São Paulo: Pioneira, 1993.

CAMPOS, V. F. **TQC**: controle de qualidade total. Rio de Janeiro: Bloch, 1992.

CARAVANTES, G. R.; PANNO, C. C.; KLOECKNER, M. C. **Administração**: teorias e processo. São Paulo: Pearson Prentice Hall, 2005.

CAVALLAZZI, E.; VALENTE, L. **Logística reversa**: muito além da reciclagem. Disponível em: <http://www.logisticadescomplicada.com/logistica-reversa-muito-alem-da-reciclagem/>. Acesso em: 3 dez. 2015.

CAVALCANTE, J. **Aulas 6 canais de vendas e distribuição**: telemarketing, marketing eletrônico. 17 mar. 2014. Disponível em: <http://pt.slideshare.net/jorgecavalcante/aula-6-canais-de-vendas-e-distribuio-telemarketing-marketing-eletrnico? next_slideshow=1>. Acesso em: 3 dez. 2015.

CERTO, S. C. **Administração moderna**. 9. ed. São Paulo: Prentice Hall, 2003.

CERTO, S. C. et al. **Administração estratégica**: planejamento e implantação de estratégias. 3. ed. São Paulo: Pearson, 2010.

CHEVROLET. **Onix HB 2016**. Disponível em: <http://www.chevrolet.com.br/carros/onix.html?ppc=Google_ONIX_GM-CHEVROLET-BR-ALL-ONIX-SRCH-RETENTION-NAMEPLATE_ONIX-SRCH-RETENTION-MYLINK_onix_mylink>. Acesso em: 3 dez. 2015.

CHIAVENATO, I. **Administração nos novos tempos**. 2. ed. rev. e atual. Rio de Janeiro: Campus, 2004.

____. **Introdução à teoria geral da administração**. 4. ed. São Paulo: Makron Books, 1993.

____. **Princípios de administração**: o essencial em teoria geral da administração. Rio de Janeiro: Campus, 2006.

CHRISTOPHER, M. **Logística e gerenciamento da cadeia de suprimentos**: criando redes que agregam valor. 2. ed. São Paulo: Thomson Learning, 2007.

COBRA, M. **Administração de marketing no Brasil**. 3. ed. Rio de Janeiro: Elsevier, 2009.

CORONADO, O. **Logística integrada**: modelo de gestão. São Paulo: Atlas, 2007.

CORRÊA, H. L. **Administração de cadeias de suprimento e logística**. São Paulo: Atlas, 2014.

CORRÊA, H. L.; CAON, M. **Gestão de serviços**: lucratividade por meio de operações e de satisfação dos clientes. São Paulo: Atlas, 2002.

COSTA, G. C. G. da. **Negócios eletrônicos**: uma abordagem estratégica e gerencial. Curitiba: Intersaberes, 2012.

DAFT, R. L. **Administração**. São Paulo: Cengage Learning, 2010.

DIAS, M. A. **Administração de materiais**: uma abordagem logística. 6. ed. São Paulo: Atlas, 2015.

DRUCKER, P. F. **Prática de administração de empresas**. 3. ed. Rio de Janeiro: Fundo de Cultura, 1969.

EDUCAÇÃO DE ADULTOS. **Sistema logístico**. 12 maio 2010. Disponível em: <https://rogeriohenriques.wordpress.com/gestao/logistema-logistema-gestao-da-cadeia-de-abastecimento-na-fnac-sistema-logistico-321337-fgr/>. Acesso em: 3 dez. 2015.

ETZIONI, A. **Organizações modernas**. 3. ed. São Paulo: Pioneira,1973.

FITZSIMMONS, J. A.; FITZSIMMONS, M. J. **Administração de serviços**. 4. ed. Porto Alegre: Bookman, 2005.

FRANCISCHINI, P. G.; GURGEL, F. do A. **Administração de materiais e do patrimônio**. São Paulo: Cengage Learning, 2002.

GIANESI, I. G. N.; CORRÊA, H. L. **Administração estratégica de serviços**: operações para a satisfação do cliente. São Paulo: Atlas, 1994.

GIGLIO, E. M. **O comportamento do consumidor**. 3. ed. São Paulo: Thomson Learning, 2005.

GOMES, C. F. S.; RIBEIRO, P. C. C. **Gestão da cadeia de suprimentos**: integrada à tecnologia da informação. São Paulo: Pioneira Thomson Learning, 2004.

GONÇALVES, P. S. **Administração de materiais**. 2. ed. Rio de Janeiro: Elsevier, 2007.

HR MERCANTIL. **Planejamento estratégico e processos de marketing**. 13 out. 2008. Disponível em: <http://pt.slideshare.net/hrmercantil/cap02-planejamento-de-marketing-presentation>. Acesso em: 3 dez. 2015.

JOÃO, V. **Distribuição física**. 26 abr. 2011. Disponível em: <http://pt.slideshare.net/vjoao/distribuio-fsica>. Acesso em: 3 dez. 2015.

JOHNSON, G.; SCHOLES, K.; WHITTINGTON, R. **Fundamentos de estratégia**. Porto Alegre: Bookman, 2010.

KARSAKLIAN, E. **O comportamento do consumidor**. 2. ed. São Paulo: Atlas, 2004.

KOTLER, P.; ARMSTRONG, G. **Princípios de marketing**. 12. ed. Rio de Janeiro: Prentice-Hall, 2007.

KOTLER, P.; KELLER, K. L. **Administração de marketing**. 12. ed. São Paulo: Pearson Prentice Hal, 2006.

LAS CASAS, A. L. **Administração de marketing**: conceitos, planejamento e aplicações à realidade brasileira. São Paulo: Atlas, 2006.

LEITE, P. R. **Logística reversa**: meio ambiente e competitividade. São Paulo: Pearson Prentice Hall, 2003.

LIMEIRA, T. M. V. **E-marketing**: o marketing na internet com casos brasileiros. 2. ed. São Paulo: Saraiva, 2007.

MARTINS, P. G.; LAUGENI, F. P. **Administração da produção**. São Paulo: Saraiva, 2005.

MARTINS, R. **Gestão da cadeia de abastecimento – Supply Chain Management**. 12 set. 2012. Disponível em: <http://www.blogdaqualidade.com.br/gestao-da-cadeia-de-abastecimento-supply-chain-management/>. Acesso em: 3 dez. 2015.

MATIAS-PEREIRA, J. **Curso de administração estratégica**: foco no planejamento estratégico. São Paulo: Atlas, 2011.

MAXIMIANO, A. C. A. **Teoria geral da administração**: da revolução urbana à revolução digital. 5. ed. São Paulo: Atlas, 2005.

MOREIRA, D. A. **Administração da produção e operações**. 2. ed. São Paulo: Pioneira, 2004.

MOWEN, J. C.; MINOR, M. S. **Comportamento do consumidor**. São Paulo: Pearson Prentice Hal, 2003.

NOGUEIRA, J. F. **Gestão estratégica de serviços**: teoria e prática. São Paulo: Atlas, 2008.

NOVAES, A. G. **Logística e gerenciamento da cadeia de distribuição**. 3. ed. Rio de Janeiro: Campus, 2007.

OLIVEIRA, B. et al. **Gestão de produtos, serviços, marcas e mercados**: estratégias e ações para alcançar e manter-se "Top of Market". São Paulo: Atlas, 2009.

OLIVEIRA, D. de P. R. de. **Administração estratégica na prática**: a competitividade para administrar o futuro das empresas. 8. ed. São Paulo: Atlas, 2013.

_____. **Estratégia empresarial e vantagem competitiva**: como estabelecer, implementar e avaliar. 9. ed. São Paulo: Atlas, 2014.

_____. **Sistemas, organização e métodos**: uma abordagem gerencial. 20. ed. São Paulo: Atlas, 2011.

OLIVEIRA, E. **Sistema de gerenciamento da cadeia de suprimentos – SCM**. 21 ago. 2014. Disponível em: <https://ufamfsi2014.wordpress.com/2014/08/21/sistema-de-gerenciamento-da-cadeia-de-suprimentos-%C2%AD-scm%C2%AD/>. Acesso em: 3 dez. 2015.

OLIVEIRA, L. **A logística reversa aplicada no descarte adequado de medicamentos da população**. Monografia (Graduação em Administração de Empresas) – Faculdade de Ceres, Ceres, 2014. Disponível em: <http://www.ebah.com.br/content/ABAAAguQwAG/a-logistica-reversa-aplicada-no-descarte-adequado-medicamentos-populacao-na-cidade-ceres-go?part=3>. Acesso em: 7 fev. 2016.

O MODELO SCM – SUPPLY CHAIN MANAGEMENT. **Evolução da logística**. Disponível em: <http://modeloscm.blogspot.com.br/p/historico.html>. Acesso em: 3 dez. 2015.

PORTER, M. **Estratégia competitiva**. Rio de Janeiro: Campus, 2005.

POZO, H. **Administração de recursos materiais e patrimoniais**: uma abordagem logística. 5. ed. São Paulo, Atlas, 2008.

_____. **Logística e gerenciamento da cadeia de suprimentos**: um enfoque para os cursos superiores de tecnologia. São Paulo: Atlas, 2015.

PRADO FILHO, H. R. do. **Curva ABC para controle de estoque ou de materiais**. 17 dez. 2010. Disponível em: <https://qualidadeonline.wordpress.com/2010/12/17/curva-abc-para-o-controle-de-estoque-ou-de-materiais/>. Acesso em: 11 dez. 2015.

ROSAL, J. **Construindo um plano de negócios**: descrição do produto/serviço. 2011. Disponível em: <http://slideplayer.com.br/slide/296076>. Acesso em: 13 fev. 2016.

RUSSO, C. P. **Armazenagem, controle e distribuição**. Curitiba: Intersaberes, 2013.

SHIGUNOV NETO, A; DENCKER, A. de F. M.; CAMPOS, L. M. F. **Dicionário de administração e turismo**. Rio de Janeiro: Ciência Moderna, 2006.

SHIGUNOV NETO, A.; TEIXEIRA, A. A.; CAMPOS, L. M. F. **Fundamentos da ciência administrativa.** Rio de Janeiro: Ciência Moderna, 2005.

SHIGUNOV NETO, A.; SCARPIM, J. A. **Terceirização em serviços de manutenção industrial.** Rio de Janeiro Interciência, 2014.

SILVA, R. O. da. **Teorias da administração.** São Paulo: Pioneira Thomson Learning, 2002.

SLACK, N.; CHAMBERS, S. e JOHNSTON, R. **Administração da produção.** 3. ed. São Paulo, Atlas, 2009

SOLOMON, M. R. **O comportamento do consumidor.** 7. ed. Porto Alegre: Bookman, 2008.

SPEROTTO, L. **Canais de distribuição.** 13 ago. 2014. Disponível em: <http://pt.slideshare.net/leandrosperotto/canais-de-distribuicao>. Acesso em: 3 dez. 2015.

TURBAN, E.; KING, D. **Comércio eletrônico:** estratégia e gestão. Pearson Prentice Hall, 2004.

WANKE, P. **Estratégia logística em empresas brasileiras:** um enfoque em produtos acabados. São Paulo: Atlas, 2010.

» Respostas

»» Capítulo 1

»»» Questões para revisão

1) b
2) c
3) a
4) Uma das mudanças possíveis é a visão de que a logística deve ser pensada como fator estratégico e fundamental para o sucesso da organização.
Essa mudança de filosofia e postura no papel desempenhado pela logística inclui admitir que o objetivo principal de qualquer sistema logístico é satisfazer os clientes. Atualmente, reconhece-se o poder do serviço ao cliente como um meio potencial de diferenciação. Dessa forma, há uma crescente importância do serviço ao cliente como uma vantagem competitiva. A cadeia de suprimentos pode ser fator de competitividade, e a maneira de atuar de forma competitiva é buscar a melhoria contínua nessa área, com vistas a reduzir custos, melhorar a qualidade do produto e aumentar o nível de satisfação dos consumidores. A cadeia de valor é o elemento da cadeia de suprimentos que permite uma análise sistematizada do processo de modo a suprir os gestores de informações e dados fundamentais para o planejamento e a tomada de decisões.
5) Produto é qualquer coisa tangível, ou seja, que pode ser oferecida a um mercado para aquisição, utilização ou consumo, que possa satisfazer um desejo ou uma necessidade

dos consumidores. Como exemplos de produtos, podemos citar aparelhos celulares, roupas, móveis e carros.

Serviço é um ato ou desempenho essencialmente intangível que uma parte pode oferecer a outra, mas que não resulta na posse de nenhum bem. Sua execução pode ou não estar ligada a um produto físico. São exemplos de serviços as atividades realizadas por um corretor de seguros, um instalador de móveis ou por professores em sala de aula.

Capítulo 2

Questões para revisão

1) c
2) a
3) b
4) Os quatro elementos derivados da logística que criam valor para o cliente são:
   » **Melhor** – Oferecer um produto melhor do que o do concorrente.
   » **Mais rápido** – Considerar que a rapidez pode estar ligada à agilidade, à flexibilidade ou à capacidade de reação a imprevistos e à pontualidade e confiabilidade.
   » **Mais barato** – Oferecer um produto mais barato do que o de seu concorrente.
   » **Mais próximo** – Oferecer um produto mais próximo de seu cliente.

   Na cadeia de suprimentos, as organizações envolvidas dependem umas das outras, mas não cooperam entre si. Ao criar valor para o cliente, a empresa consegue fazer com que ele seja fiel e continue a ser seu cliente. Esse relacionamento mais próximo faz com que a empresa compreenda as necessidades e os desejos dos clientes e, dessa forma, consiga atendê-los.

5) A logística e a distribuição são funções e atividades extremamente importantes para o desenvolvimento das empresas. Somente com uma atuação de melhoria contínua é que uma organização consegue manter e conquistar novos clientes.

»» Capítulo 3

»»» Questões para revisão

1) d
2) e
3) d
4) A flexibilização das atividades empresariais é um assunto bastante atual. É uma medida estratégica das empresas para atender de forma rápida aos pedidos dos clientes num mercado altamente competitivo.

   A flexibilização do esquema produtivo e da distribuição permite que as empresas tenham instrumentos para reagir de forma eficiente, ágil e com baixos custos a mudanças e imprevistos.

5) No processo produtivo, a flexibilização possibilita que as organizações tenham habilidade de adaptação às necessidades e preferências dos consumidores, de modo a responder às pressões da concorrência e a ficar mais próximas dos mercados por meio de um sistema de distribuição eficiente.

Sobre os autores

Alexandre Shigunov Neto é mestre em Educação pelo Programa de Pós-Graduação em Educação da Universidade Estadual de Maringá (UEM), administrador formado pela mesma instituição, especialista em Economia Empresarial pela Universidade Estadual de Londrina (UEL) e graduado em Administração também pela UEM. Atua como administrador e coordenador de pesquisa e inovação do Instituto Federal de Educação, Ciência e Tecnologia de São Paulo – IFSP (*campus* Itapetininga). É autor de vários livros sobre administração, turismo e educação.

Renata Messias Gomes já atuou como coordenadora e professora de cursos técnicos em Qualidade, é especialista em Engenharia e Segurança do Trabalho pela Universidade Estadual de Londrina (UEL) e engenheira química formada pela Universidade Estadual de Maringá (UEM).

Os papéis utilizados neste livro, certificados por instituições ambientais competentes, provenientes de fontes renováveis e, portanto, um meio responsável e natural de informação e conhecimento.

Impressão: Gráfica Exklusiva
Julho/2017